本書の特色と使い方

この本は，国語の読解問題《どっかいもんだい》を集中的《しゅうちゅうてき》に学習《がくしゅう》できる画期《かっき》的な問題集です。苦手《にがて》な人も，さらに力をのばしたい人も，1日1単元《たんげん》ずつ学習すれば30日間でマスターできます。

1 「パターン別《べつ》」と「ジャンル別」トレーニングで読解力を強化《きょうか》する

「こそあど言葉《ことば》」や「つなぎ言葉」などを問《と》うパターン別問題に取《と》り組んだあとは，物語《ものがたり》，説明《せつめい》文《ぶん》などのジャンル別問題にチャレンジします。さまざまな問題に慣《な》れることで，確《たし》かな読解力が身《み》につきます。

2 反復《はんぷく》トレーニングで確実《かくじつ》に力をつける

数単元ごとに習熟度確認《しゅうじゅくどかくにん》のための「**まとめテスト**」を設《もう》けています。解《と》けない問題があれば，前の単元にもどって復習《ふくしゅう》しましょう。

3 自分のレベルに合った学習が可能《かのう》な進級式《しんきゅうしき》

学年とは別の級別構成《こうせい》（12級～1級）になっています。「**進級テスト**」で実力《じつりょく》を判定《はんてい》し，選《えら》んだ級が難《むずか》しいと感《かん》じた人は前の級にもどり，力のある人はどんどん上の級にチャレンジしましょう。

4 巻末《かんまつ》の「答え」で解き方をくわしく解説《かいせつ》

問題を解き終《お》わったら，巻末の「**答え**」で答え合わせをしましょう。「**考え方**」で，特《とく》に重要《じゅうよう》なことがらは「**チェックポイント**」にまとめてあるので，十分に理解しながら学習を進《すす》めることができます。

読解力 9級

1日 言葉の意味 …… 2
2日 こそあど言葉 (1) …… 4
3日 こそあど言葉 (2) …… 6
4日 つなぎ言葉 (1) …… 8
5日 つなぎ言葉 (2) …… 10
6日 まとめテスト (1) …… 12
7日 場面をつかむ …… 14
8日 話題を読み取る …… 16
9日 理由を考える (1) …… 18
10日 理由を考える (2) …… 20
11日 気持ちを読み取る (1) …… 22
12日 気持ちを読み取る (2) …… 24
13日 せいかくを読み取る …… 26
14日 まとめテスト (2) …… 28
15日 主題を読み取る (1) …… 30
16日 主題を読み取る (2) …… 32
17日 要点をつかむ (1) …… 34
18日 要点をつかむ (2) …… 36
19日 まとめテスト (3) …… 38
20日 物語を読む (1) …… 40
21日 物語を読む (2) …… 42
22日 物語を読む (3) …… 44
23日 まとめテスト (4) …… 46
24日 説明文を読む (1) …… 48
25日 説明文を読む (2) …… 50
26日 説明文を読む (3) …… 52
27日 まとめテスト (5) …… 54
28日 詩を読む (1) …… 56
29日 詩を読む (2) …… 58
30日 まとめテスト (6) …… 60
進級テスト …… 62
答え …… 65～79

本書に関する最新情報は，当社ホームページにある本書の「サポート情報」をご覧ください。（開設していない場合もございます。）

月　日

1 次《つぎ》の文章《ぶんしょう》を読んで、あとの問《と》いに答えなさい。

その日は、昼が近づくにつれ、天気がどんどんかいふくして、①雨があがってしまいました。

「ひさしぶりに、雨があがるのは、うれしいけど、でも、なにも、今日にかぎって、あがらなくてもいいのに。どうか、夜になったら、また、雨がふってくれますように。」

つぼみさんは、なんども、空にむかって手をあわせました。

すると、いのりが天に通じたのでしょうか。夜の七時になったとたん、まるで、空に、レースのカーテンでもひいたように、さあっと、雨がふりはじめたのです。

「ああ、よかった。わたしも、この雨、あつめなくちゃ。」

つぼみさんは、台所《だいどころ》から、びんとじょうごをもって、外にとびだすと、びんにじょうごをさして、庭《にわ》

↓答えは65ページ

(1) ——①「雨があがって」の「あがる」の意味《いみ》を次からえらび、記号《きごう》で答えなさい。

ア 下から上へいく。
イ いきおいがさかんになる。
ウ できあがる。
エ やむ。

（　　）

(2) この文章の前半のほうに、たとえを使《つか》った表現《ひょうげん》があります。二十三字でさがし、はじめと終《お》わりの五字を答えなさい（句読点《くとうてん》をふくむ）。

□□□□□〜□□□□□

ヒント 「まるで〜ように」という表現に注目《ちゅうもく》しよう。

(3) ——②「目を見はり」、③「見とれ」の言葉《ことば》の意味をそれぞれ次からえらび、記号で答えなさい。

の地面《じめん》におきました。

　そうして、五分後、家の中にいれたびんには、雨水《あまみず》が、ほんのちょっぴりしかはいっていませんでした。

「たったこれだけじゃ、味見《あじみ》も、まんぞくにできそうにないけど、でもまあ、これだけ、あつめられただけでも、よかった。」

　その夜は、お客《きゃく》さんがひとりもありませんでした。

　つぼみさんは、ちょっぴりきんちょうしながら、小皿《こざら》に雨水をいれると、リングのような取《と》っ手《て》をもちあげて、おやっと②目を見はりました。

　小皿の中に、ゆらゆらと、金色のものがうかんでいるのです。

「なにかしら?」

　目を近づけてみると、それは、なんとまんまるの月でした。

「満月《まんげつ》の水かどうかをたしかめるための皿《さら》だっていってたけど、こうして、お月さまがうかぶのが、きっと、満月の水だっていうあかしなんだわ。」

　つぼみさんが、まばたきもせずに③見とれているうちに、月のすがたは、水にとけるようにきえていきました。


（茂市久美子《もいちくみこ》「ゆうすげ村の小さな旅館《りょかん》」）

②目を見はる
ア　じっと注意《ちゅうい》をして見る。
イ　おどろいて、目を大きく見開《みひら》く。
ウ　まぶしくて見ていられない。
（　　）

③見とれる
ア　心をうばわれてじっと見る。
イ　あるところに注目する。
ウ　よく気をつけてあちこち見る。
（　　）

(4) つぼみさんは、ゆうすげ旅館にとまったお客からふしぎな話を聞きました。この文章はその次の日のできごとです。つぼみさんは何をしようとしていますか。次からえらび、記号で答えなさい。
ア　お客さんが言ったとおり、ほんとうに満月の夜に雨がふるのかをたしかめようとしている。
イ　お客さんが言ったように、小皿に受《う》けた雨水に月がうつるかどうかをたしかめようとしている。
ウ　お客さんから言われたとおりに、どんな料理《りょうり》にもあうという満月の水をとろうとしている。
（　　）

2日

こそあど言葉《ことば》(1)

↓答えは65ページ

月　日

1 **次《つぎ》の文章《ぶんしょう》を読んで、あとの問《と》いに答えなさい。**

びっくりしたのは、ヤモリが消《け》しゴムをかかえているることだった。けれど、残念《ざんねん》なことに、さおりの消しゴムではなかった。大きさはほとんどおなじだが、まっ白だった。さおりの消しゴムはもっとよごれている。

ヤモリは、消しゴムをかかえてさおりを見あげ、片手《かたて》をさおりのほうにさしだし、先のふくらんだひとさし指《ゆび》でさおりをゆびさし、つぎに白い消しゴムをゆびさした。ヤモリがひとさし指をつきたてるとにおどろくよりも、①その動作《どうさ》におどろいた。どう考えても、きみが落《お》としたのは、②これ？　とたずねているように見えた。

さおりはあわてて首をふった。ううん、［ア］じゃない。

すると、ヤモリはその白い消しゴムを床《ゆか》の上におき、穴《あな》の中にもどると、こんどはべつの消しゴムを

(1) ——①「その動作」とありますが、どの動作を指《さ》していますか。次の文の（　）㋐・㋑にあてはまる言葉《ことば》を書きなさい。

ヤモリが、ひとさし指で（㋐）をゆびさし、つぎに（㋑）をゆびさした動作。

㋐（　　　　　）㋑（　　　　　）

(2)「これ」「それ」「あれ」「どれ」などのように、何かを指ししめすはたらきをする言葉を、「こそあど言葉」といいます。——②「これ」は何を指していますか。文中から六字でぬき出しなさい。

［　　　　　　］

ヒント 前のほうの文や言葉に注意《ちゅうい》しよう。

(3)「こそあど言葉」の中で、「これ」は話し手の近くにあるものを指し、「それ」は聞き手の近くにあるものを指し

もって出てきた。さおりの消しゴムだった。

ヤモリはおなじ動作をした。きみが落としたのは、[㋑]？

さおりはがくがくとうなずいた。[㋒]、わたしが落としたのはその消しゴム。

それを見てヤモリは、さおりの消しゴムを、さおりにむかってさしあげた。胸《むね》がどきどきした。

信《しん》じられない。

③そう思いながら、さおりは手をのばして、自分の消しゴムをヤモリの手からうけとった。

ありがとう。心の中でつぶやいた。

それで、ヤモリがひっこむかと思ったら、白い消しゴムもさしだすではないか。

あの、それ、わたしのじゃないよ。

心の中でそう話しかけてみたが、ヤモリはおなじ姿勢《しせい》でさおりを見あげ、大きくうなずいた。これもあげる、といっているようだった。

どうしよう。もらったほうがいいのかな。

④さおりがまよっていると、ヤモリはその白い消しゴムを床の上におき、さおりを見あげた。

（岡田《おかだ》　淳《じゅん》「ふしぎの時間割《じかんわり》」）

ます。このことをふまえて、文中の[　]㋐～㋒にあてはまる言葉を次からえらび、記号《きごう》で答えなさい。

ア　これ　イ　それ　ウ　それぞれ

㋐（　　）　㋑（　　）　㋒（　　）

(4) ――③「そう思いながら」の「そう」は、何を指していますか。文中からぬき出しなさい。

（　　　　）

(5) ――④「さおりがまよっていると」とありますが、どんなことをまよっているのですか。文中の言葉を使《つか》って書きなさい。

（　　　　）

(6) この文章全体《ぜんたい》から「こそあど言葉」を五つさがして、すべて書きなさい。ただし、同じ言葉は一つと数えます。

（　　）（　　）（　　）（　　）（　　）

月　日

1 **次《つぎ》の文章《ぶんしょう》を読んで、あとの問《と》いに答えなさい。**

みなさんは、ヒトが動物《どうぶつ》の一員《いちいん》であることを、もう、よく知っていますね。それでは、その「動物」とはいったいなんでしょう？

じつは、本気に考えると、①これはたいへんな*難問《なんもん》ですが、そういうときは、事《こと》がらをごく*単純《たんじゅん》に考えれば、わかりよくなります。

動物でない生きもの、それは「植物《しょくぶつ》」です。植物は、地面《じめん》に植《う》わっている生物《せいぶつ》ですから、動《うご》きまわることができません。②それに対《たい》して、動物とは「動く生物」だといえます。泳《およ》ぎ、はい、歩き、走るということ、［ア］、「*移動運動《いどううんどう》」ができるのが、動物の重要《じゅうよう》なとくちょうなのです。

③それは、おかしいな、と思う人がたずねます。

④「イソギンチャクやヒトデは動物なのに、動けないでしょ？」

たしかに、イソギンチャクは岩にはりついて動か

↓答えは66ページ

(1) ――①「これ」は、どんなことを指《さ》していますか。次からえらび、記号《きごう》で答えなさい。

ア 本気に考えること。
イ 事がらをごく単純に考えること。
ウ ヒトが動物の一員であること。
エ 「動物」とはいったい何かということ。

（　　）

ヒント 前の段落《だんらく》の内容《ないよう》に注意《ちゅうい》しよう。

(2) ――②「それ」は、どんなことを指していますか。文中の言葉《ことば》を使《つか》って、三十五字以内《いない》で書きなさい。

ないようにみえます。[㋑]、かんきょうが悪《わる》くなったりすると、岩にはりついている足盤《そくばん》をゆっくり動かし、少しずつ移動します。

ヒトデは海底《かいてい》にちらばる星の形をしており、とても動きまわるようにみえません。しかし、五本のうでにたくさんついている管足《かんそく》を動かして、ゆっくり移動するのです。

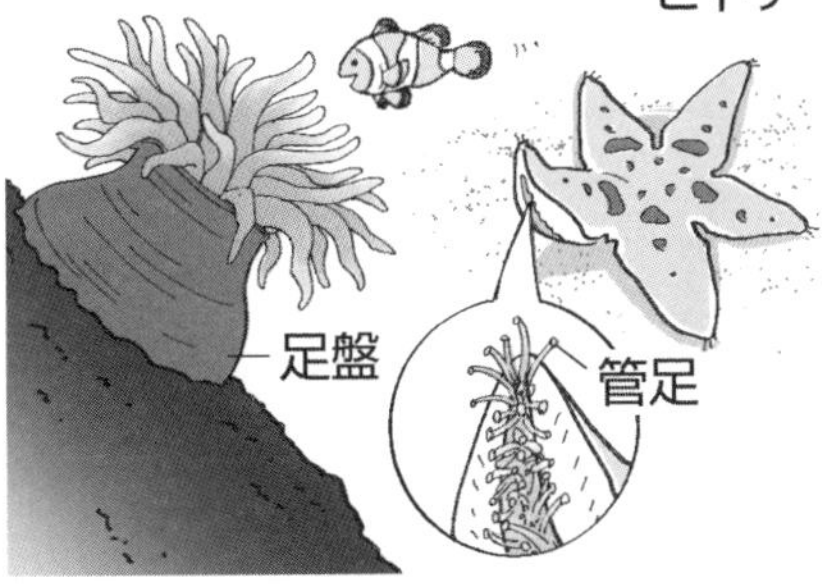

（香原志勢《こうはらゆきなり》「二本足で立つってどういうこと？」）

＊難問＝むずかしい質問《しつもん》や問題《もんだい》。
＊単純＝まじりけがなく、かんたんなこと。
＊移動＝うつりうごくこと。場所《ばしょ》をかえること。

(3) 文中の[　]㋐・㋑にあてはまるつなぎ言葉を次からえらび、記号で答えなさい。

ア しかし　イ ですから　ウ つまり
エ また　オ ところで

㋐（　　）　㋑（　　）

(4) ――③「それは、おかしいな」とありますが、どんなことがおかしいのですか。

（　　　　）

(5) ――④「イソギンチャクやヒトデは動物なのに、動けないでしょ？」とありますが、それに対《たい》する正しい答えを次からえらび、記号で答えなさい。

ア どちらも動けない。
イ どちらも少しずつ動ける。
ウ イソギンチャクは動けないが、ヒトデは動ける。
エ イソギンチャクは動けるが、ヒトデは動けない。

（　　）

つなぎ言葉《ことば》(1)

月　日

1 次《つぎ》の文章《ぶんしょう》を読んで、あとの問《と》いに答えなさい。

「朝もぎのきゅうりがはいってるよ。なますにしてもよし、このまま、みそをつけてかぶりついてもけっこう。さあ、いらっしゃい！」

手をたたきながら、父がさかんによびこみをやっている。

父と顔をあわせたくないので、ふき子は、また、うら口からでて、ろじをずんずん歩いていった。

二つめのかどをまがったときだった。

「あら、ふき子さん」

いきなり、うしろで声がした。ふりむくと、みおぼえのある女の人が、わらって立っていた。さて、だれだったろう。［ア］、すぐにわかった。女の人のうしろに、三田《みた》くんの顔がみえたからである。

「いま、①おたくで、買いものをしてきたところよ」

三田くんのおかあさんは、手にさげた買いものかごをひらいてみせた。きゅうりとなすがみえた。三

(1) 文中の［ア］には、つなぎ言葉《ことば》が入ります。これについて、次の問いに答えなさい。

↓答えは66ページ

① ［ア］にあてはまる言葉を次からえらび、記号《きごう》で答えなさい。

ア すると　イ それで　ウ だが
エ つまり　オ では

（　　）

② ［ア］の前後の文は、どういう関係《かんけい》でつながっていますか。次からえらび、記号で答えなさい。

ア 前が理由《りゆう》で、あとがその結果《けっか》になる。
イ 前とあとが反対《はんたい》の内容《ないよう》になる。
ウ 前の事《こと》がらにあとの事がらをつけくわえる。
エ 前の事がらをあとで説明《せつめい》している。

（　　）

ヒント つなぎ言葉のはたらきをつかもう。

(2) ――②「それに」、③「そのうえ」は、同じようなはたら

田くんが、一歩まえにでた。

「ほら、じゃがいも。じゃがいもは北海道!」

みると、三田くんもビニルのふくろをさげていた。

「おたくのやさいは、いつもしんせんだし、②それに、八《や》百政《おまさ》のおじさんときたら、話がじょうずで、③そのうえ、まけっぷりもいいでしょう。 イ 、やさいは八百政さんときめているの」

「はあ」

ふき子がきょとんとしていると、

「きみのおとうさんって、ほんとうにゆかいだね。あんなおとうさんといっしょだと、まい日がたのしいだろうなあ」

三田くんがいった。三田くんのおかあさんも、うなずきながらわらっている。すると、ふき子のゆううつなきもちは、しだいにはれていき、

「ええ、とってもたのしいわ」

ふき子は、目をかがやかせて、力いっぱいこたえた。

ふと気がつくと、ふき子は、かるい足どりで、いちめん夕やけの空をせにして、わが家《や》へむけて走っていた。


（砂田《すなだ》 弘《ひろし》「ふき子の父」）

きをするつなぎ言葉です。前後の文をどういう関係でつないでいますか。⑴の②のア〜エの中からえらび、記号で答えなさい。

（　　）

(3) 文中の イ にあてはまるつなぎ言葉を次からえらび、記号で答えなさい。

ア しかし　イ だから　ウ また
エ そして　オ それとも

（　　）

(4) ——①「おたくで、買いものをしてきた」とありますが、ふき子の家は、どんな商売《しょうばい》をしているのですか。五字以内《いない》で答えなさい。

□□□□□

(5) この文章には、ふき子のそれまでの気持《きも》ちがかわりはじめるところがあります。それはどこからですか。その文のはじめの五字をぬき出しなさい（句読点《くとうてん》をふくむ）。

□□□□□

↓答えは67ページ

月　日

1 **次《つぎ》の文章《ぶんしょう》を読んで、あとの問《と》いに答えなさい。**

カマキリのまちぶせ

昆虫《こんちゅう》を食べるカマキリは、バッタと同じように、①緑色《みどりいろ》と*かっ色の世界《せかい》にすんでいます。［ア］、からだの色も緑色かかっ色、または両方《りょうほう》がまじった色です。

［イ］、ほそ長いからだは、草の茎《くき》や葉《は》の形にもよくにています。

もちろん、こうしたからだの色は鳥にみつかりにくいのですが、自分がえさにする虫にもみつかりにくいのです。

カマキリは、よく花にくる昆虫たちをねらいます。葉のうらや茎、花のかげで、じっとまちぶせています。

(1) 文中の［ア］・［イ］にあてはまるつなぎ言葉《ことば》を次からえらび、記号《きごう》で答えなさい。

ア それとも　イ だから
ウ しかし　エ ところで
オ そのうえ

ア（　　）　イ（　　）

ヒント 前の文とあとの文のつながり方を考えよう。

(2) ――①「緑色とかっ色の世界」とありますが、それはどんなところだと思いますか。次から三つえらび、記号で答えなさい。

ア 土の上　イ 水の中
ウ 木の幹《みき》　エ 地面《じめん》の下
オ 草の葉や茎　カ 花の中

（　　）（　　）（　　）

カマキリのおどかしと＊反《はん》げき
②まわりの色や形にどんなによくにていても、ぜったいにみつからないということはありません。おなかのすいた鳥は、けんめいに虫をさがします。また、いくらそっくりの色や形でも、動《うご》くと鳥に虫であることがわかってしまいます。

みつかったら虫はどうするでしょうか。

カマキリは、自分より大きい動物《どうぶつ》に出会うと、前足をそろえ、はねをひろげます。からだをできるだけ大きくみせるようにして、相手《あいて》をおどかすのです。

それでもだめなときは、するどいとげのある＊かまのような前足で、反げきします。

（大谷《おおたに》　剛《たけし》「昆虫のふしぎ」〈あかね書房刊〉）

＊かっ色＝黒みをおびた茶色。
＊反げき＝せめてくるてきに対《たい》して、ぎゃくにせめ返《かえ》すこと。
＊かま＝草・しばなどをかるのに用いる農具《のうぐ》。

(3) カマキリは、花にくる昆虫たちをどのようにしてねらうのですか。文中の言葉を使《つか》って書きなさい。

（　　　　）

(4) ――②「まわりの色や形」とありますが、「形」のほうは、どんなものの形によくにているのですか。文中から七字でぬき出しなさい。

□□□□□□□

(5) カマキリは、鳥などのてきにみつかったときは、どうしますか。次の□にあてはまる言葉を、文中からさがして書きなさい。

㋐ 前足をそろえて、□をひろげ、からだをできるだけ大きくみせるようにして、相手を□。
㋑ するどい□のあるかまのような前足で、□する。

㋐ □□・□□□□
㋑ □□・□□□

6日 まとめテスト (1)

月　日

時間 20分【はやい15分・おそい25分】
合格 80点
得点　　点

⬇答えは67ページ

1 次《つぎ》の文章《ぶんしょう》を読んで、あとの問《と》いに答えなさい。

おとうさんギツネにはもうひとつ*だいじな仕事《しごと》がある。子ギツネたちの教育《きょういく》だ。子ギツネたちにまず教えることは、危険《きけん》から身《み》をまもること。

巣穴《すあな》のまえで、つぎつぎと新しいことを考えだして遊《あそ》ぶ子ギツネたちのようすを、親ギツネは楽しそうにながめているが、ときどきおこることがある。子ギツネが巣穴からはなれたときだ。生まれてから四十日目ころは、巣穴の入り口から七メートルくらいまではなれても、だまって見ている。[㋐]、①それ以上《いじょう》はなれたとたん、走ってきて首すじをパクッとかみ、地面《じめん》におしつける。[㋑]、そのまくわえて巣穴のなかにつれもどす。一日に三回以上おなじことをした子ギツネは、三十秒《びょう》以上も地面におしつけられ、いたがってギャンギャン鳴いている。②これには、子ギツネも*こりるらしく、その後はあまり巣穴からはなれなくなる。

(1) 文中の[　]㋐・㋑にあてはまるつなぎ言葉《ことば》を次からえらび、記号《きごう》で答えなさい。(10点×2—20点)

ア だから　イ そして　ウ つまり
エ ところで　オ ところが

㋐（　　）　㋑（　　）

(2) ——①「それ」は、何を指《さ》していますか。文中から十六字でぬき出しなさい。(10点)

(3) ——②「これ」は、どんなことを指していますか。次からえらび、記号で答えなさい。(10点)

ア おとうさんギツネに首すじをかみつかれること。
イ おとうさんギツネに巣穴のなかにつれもどされること。

▼おとうさんギツネは、子ギツネがあぶないことをしたり、あぶないところに近づくたびに、しかって教える。そのあぶないことのひとつひとつは、ほとんどおとうさんギツネが自分のおとうさんギツネやおかあさんギツネから教わったことだ。③それにくわえて、新しく自分が経験《けいけん》したあぶないことも、子どもたちに教える。そうやって、子ギツネはひとつひとつ危険から身をまもることを身につけてゆく。この子ギツネたちが、おとうさんになったときには、また自分の子どもたちに、おとうさんから自分が教えられたことをつたえてゆくのだろう。▲

（竹田津《たけたづ》　実《みのる》「キタキツネのおとうさん」）

＊だいじな仕事＝この文章の前に、おとうさんギツネのだいじな仕事として、家族《かぞく》のために巣を守《まも》り、えさをはこぶ様子《ようす》がえがかれている。

＊こりる＝ひどい目にあってはんせいし、二度《にど》とやるまいと思う。

ウ　おとうさんギツネに三十秒以上も地面におしつけられること。

エ　おとうさんギツネに何回もおこられること。

（　）

(4) ——③「それ」は、どんなことを指していますか。文中からぬき出して答えなさい。（15点）

（　）

(5) 文章中の▼と▲の間には、「それ」のほかに、「こそあど言葉」が三つあります。文中からさがして書きなさい。（10点×3—30点）

（　）（　）（　）

(6) おとうさんギツネが、子ギツネにずっと教えようとしているのはどんなことですか。文中から十一字でぬき出しなさい。（15点）

1 **次《つぎ》の文章《ぶんしょう》を読んで、あとの問《と》いに答えなさい。**

春夫《はるお》が走ると、子ザルは、木のえだにとびのって、えだからえだへとびながら、おくれないように、走ってくるのです。

春夫と子ザルが、山の中であそんでいるところを見ると、友だちというより、①兄弟のようでした。

その日も、春夫と子ザルは、林の中をとびまわって、一日じゅうあそびまわりました。

すっかりつかれたので、*岩あなのすみかに帰って、春夫と子ザルは、入り口のたいらな岩の上に、②ごろりとよこになりました。

そこには、秋の日が③ぽかぽかと、あたたかくさしていました。

よこになっていると、風もないのに、金色のおちばが、足の先や、かたのあたりに、はらは

↓答えは67ページ

(1) この文章には、場面《ばめん》がうつりかわっていくところがあります。その文のはじめの五字をぬき出しなさい（句《く》読点《とうてん》をふくむ）。

(2) ――①「兄弟のようでした」は、あるものをべつの何かにたとえる表現《ひょうげん》です。同じような表現が文章中に二つあります。さがして、十三字と十字でぬき出しなさい。

ヒント 「ようです・ような」などのたとえを表《あらわ》す言い方に注意《ちゅうい》しよう。

らとちりかかってくるのです。

遠くで、小鳥の声もしていました。

しゅるいのちがった、いろいろの小鳥の声が、入りまじってしずかで、きよらかな音楽をきいているようでした。

秋の太陽《たいよう》に、ぽかぽかと体をあたためられ、④小鳥の音楽をきいているうちに、春夫はねむくなってしまいました。

かるい、ねいきをたてながら、春夫は、やがてねむってしまいました。

子ザルも、春夫のうでをまくらにして、人間の子どものようなかっこうで、ねむっていました。


（椋《むく》　鳩十《はとじゅう》「岩あなのサル」）

＊岩あなのすみか＝子ザルとお母さんザルがすんでいる岩あなの中。

(3) ――②「ごろりと」、③「ぽかぽかと」は、どちらも様子《ようす》や身《み》ぶりなどの感《かん》じを表した言葉です。にたような言葉がほかにも一つあります。さがして、五字でぬき出しなさい。

(4) ――④「小鳥の音楽」とは、何ですか。それがわかる文をさがして、はじめの五字をぬき出しなさい。

(5) この文章では、どんな場面が中心にえがかれていますか。次からえらび、記号《きごう》で答えなさい。
ア 春夫と子ザルの楽しそうにあそぶ様子が、まるで音楽をきくようにテンポよくえがかれている。
イ あそびつかれてねむる春夫と子ザルの様子が、秋の日のおだやかな自然《しぜん》の中でえがかれている。
ウ 人間の子どもと子ザルがまるで兄弟のように行動《こうどう》する様子が、きびしい自然の中でえがかれている。
（　　）

話題《わだい》を読み取《と》る

月　日

1 **次《つぎ》の文章《ぶんしょう》を読んで、あとの問《と》いに答えなさい。**

わたしたちが住《す》んでいるのは、どこでしょうか？海の上でしょうか？　いいえ、地上ですね。

わたしたちの生活のぶたいは、すべて地上です。みなさんが住んでいる家もマンションも学校も、地上にあります。飛行機《ひこうき》に乗《の》ると地上からはなれますが、空港《くうこう》に着陸《ちゃくりく》すればまた地上にもどるわけです。このように、いつもの生活は地上だけでじゅうぶんに足りてしまいますね。

では、いつもの地上からはなれて、昼間の空をながめてみましょう。なにが見えますか？

天気がよければ、青い空が広がっていますね。青空には白い雲がうかび、太陽《たいよう》がかがやいているかもしれません。もし雨がふっていれば、ねずみ色の雲が空いっぱいに広がっていることでしょう。

白い雲や雨雲は、いったいなんでしょう。空気（大気《たいき》といいます）にうかぶ＊水滴《すいてき》や氷《こおり》のつぶです。

↓答えは68ページ

(1) この文章には、大きく話題《わだい》のかわるところが二かしょあります。それぞれ、どこでかわるかを考えて、段落《だんらく》のはじめの五字をぬき出しなさい（句読点《くとうてん》をふくむ）。

□□□□□・□□□□□

ヒント　「では」というつなぎ言葉《ことば》に着目《ちゃくもく》して考えよう。

(2) この文章のはじめの話題と次の話題は、それぞれ何ですか。文中から指定《してい》の字数でぬき出しなさい。

はじめの話題（二字）□□

次の話題（一字）□

(3) この文章の三つめの話題は、何ですか。文中から二つさがして、指定の字数でぬき出しなさい。

二字 □□

一字ずつ □や□

また青空は、太陽の光のうち、青い色の光だけが上空で散《ち》らばることで、そう見えています。地上ではありませんが、わたしたちの地球《ちきゅう》でのできごとです。

　では、太陽はどうでしょう。やはり、同じ地球でのできごとだと思いますか？　答えはちがいます。太陽は、わたしたちの地球から遠くはなれた宇宙《うちゅう》にあるのです。しかも、わたしたちの生活では見かけることがないほど巨大《きょだい》な物体《ぶったい》です。

　日がしずみ、しばらくすると、空がだんだんと暗《くら》くなってきますね。夜です。今度《こんど》は、夜空をじっくりながめてみましょう。明かりがたくさんあるような町に住むみなさんは、夜空が暗いところへ旅行《りょこう》やキャンプに行ったときのことを思いだしてください。

　晴れていれば夜空に見えるのは、美《うつく》しく、きらきらとかがやくたくさんの星たちです。月が見えるかもしれません。では、星や月はどこにあるのでしょうか？　太陽と同じように、宇宙にある＊天体《てんたい》です。


（布施哲治《ふせてつはる》「なぜ、めい王星は惑星《わくせい》じゃないの？」）

＊水滴＝水のしずく。水のしたたり。
＊天体＝太陽や月・星など大空のすべてのもの。

(4) ――「太陽はどうでしょう」とありますが、太陽はどこにあるとのべられていますか。文中から二十一字でぬき出しなさい。

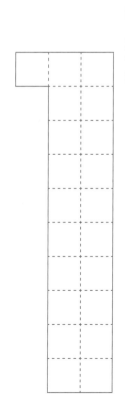

(5) この文章で説明《せつめい》されていることと合うものを次から一つえらび、記号《きごう》で答えなさい。

ア　わたしたちの生活は地上だけで足りているが、これからは太陽やほかの星にも関心《かんしん》をもつべきである。
イ　夜空に見える星や月があるのは、太陽と同じように、宇宙にある天体である。
ウ　わたしたちの生活では見かけることがないほど巨大な物体である太陽は、宇宙の中心であるといってよい。

（　　）

理由《りゆう》を考える (1)

➡答えは68ページ

月　　日

1 **次《つぎ》の文章《ぶんしょう》を読んで、あとの問《と》いに答えなさい。**

①カバは、昼間はほとんど、水の中にいます。水の中で、昼ねをしたり、のんびりしたりして、じっとしていることが多いのです。

それで、いつも水の中にいると思われるのですが、カバは、太陽《たいよう》がしずむころになると、水からでて、陸《りく》にあがります。そして夜中《よなか》に、えさの草を食べ、朝になって太陽がのぼると、また、川の水の中に、はいります。

カバの*皮《ひ》ふは、ほかの動物《どうぶつ》よりも、うすくできているので、昼間、陸にいると、からだの中の水分がでていってしまいます。そのままほうっておくと、からだがかわいてしまって、死《し》んでしまいますから、なるべく水の中にいるようにしているのです。

(1) ——①「カバは、昼間はほとんど、水の中にいます」とありますが、陸にいるのは、いつからいつごろまでですか。二十五字ていどで書きなさい。

(2) カバは、夜中は何をしているのですか。

（　　　　　　　　）

(3) 文中の□ あ・い にあてはまるつなぎ言葉《ことば》を次からえらび、記号《きごう》で答えなさい。

ア　しかし　　イ　ですから　　ウ　また

エ　つまり　　オ　すると

あ（　　）　い（　　）

［あ］、カバは、体重《たいじゅう》が二千五百キロから四千キログラムもあるので、水の中のほうが、からだがかるくなり、らくなのです。

　カバの目や耳、鼻《はな》は、顔の上のほうにあります。そのため、水の中にいても、目や、耳、鼻のあなだけを、水面《すいめん》からだすことができます。

［い］、②水の中にいても鼻で呼吸《こきゅう》できますし、あやしいものが近づけば、そのけはい*を感《かん》じることができます。きけんを感じると、カバは、さっともぐります。

　水の中にもぐるときは、鼻や耳のあなをとじます。

（久道健三《ひさみちけんぞう》「科学なぜどうして　三年生」）

*皮ふ＝動物のからだの外がわをおおっている皮《かわ》。
*けはい＝はっきりしないが、なんとなく感じられる様子《ようす》。

ヒント 段落《だんらく》と段落のつながり方を考えよう。

(4) カバが、昼間はほとんど、水の中にいるのはなぜですか。その理由《りゆう》をまとめた、次の文の（　）㋐～㋓にあてはまる言葉を書きなさい。

・カバの皮ふは（㋐）ので、日ざしのある昼間、陸にいると、からだの中の（㋑）がでていってしまうから。

・カバは、からだがとても（㋒）ので、水の中のほうが、からだが（㋓）なり、らくだから。

㋐（　　　　） ㋑（　　　　）
㋒（　　　　） ㋓（　　　　）

(5) ――②「水の中にいても……けはいを感じることができます」とありますが、なぜそのようなことができるのですか。文中の言葉を使《つか》って答えなさい。

（　　　　　　　　）

答えは69ページ

月　日

1 **次《つぎ》の文章《ぶんしょう》を読んで、あとの問《と》いに答えなさい。**

海にうかぶ巨大《きょだい》な氷《こおり》。*塩分《えんぶん》や*養分《ようぶん》がたっぷりとけた海の水がこおってできました。

では、海の氷はしょっぱいのでしょうか？

①海の氷は海の水ほどしょっぱくはありません。オレンジジュースをこおらせたとき、コップの底《そこ》にたまったジュースはこい味《あじ》がしましたが、氷の部分《ぶぶん》にはあまり味がありませんでした。海の水がこおるときも同じです。氷は塩分をすこしずつ海の中へおしだしながら大きくなります。

氷からおしだされた塩分によって、氷のすぐ下の海の水は、まわりの水より重《おも》くなります。冷《つめ》たい水は重いので、ますます重くなって深《ふか》い海の底までしずんでゆきます。そして、深い海の水はいれかわるように海面《かいめん》へとおしあげられます。厚《あつ》い氷ができる海では、②深い海の水と浅《あさ》い海の水はこんなふうに交《こう》換《かん》されています。

(1) ――①「海の氷は海の水ほどしょっぱくはありません」とありますが、それはなぜですか。文中の言葉《ことば》を使《つか》って答えなさい。

（　　　　）

ヒント 大事《だいじ》な言葉や文に気をつけよう。

(2) ――②「深い海の……交換されています」とありますが、その理由《りゆう》をまとめた次の文の（　）㋐～㋓にあてはまる言葉を、文中からさがして書きなさい。

浅い海の水は、氷からおしだされた（㋐）によって、まわりの水より（㋑）なる。冷たい水は重いので、ますます重くなって深い（㋒）までしずんでいく。そして、深い海の水はいれかわるように（㋓）へとおしあげられるから。

㋐（　　）　㋑（　　）

㋒（　　）　㋓（　　）

うかびあがった深い海の水には生きもののしがいなどが＊分解《ぶんかい》されてできた養分がたくさんふくまれています。③この深い海の養分と、氷をとおしてさしこむ太陽《たいよう》の光により氷の下の海には植物《しょくぶつ》＊プランクトンがふえます。その植物プランクトンをオキアミなどの動物《どうぶつ》プランクトンがたべ、さらにそれをたべるちいさな魚があつまります。雪と氷の世界《せかい》を生きる④ペンギンやアザラシなどの動物をささえていたのは、こうしてふえた氷の下の海の生きものだったのです。

（前野紀一《まえののりかず》「こおり」）

＊塩分＝物《もの》にふくまれている塩《しお》の量《りょう》。
＊養分＝生き物が育《そだ》つために必要《ひつよう》なもの。
＊分解＝一つにまとまっているものを細かく部分に分けること。
＊プランクトン＝水面《すいめん》や水中にすんでいる小さな生物《せいぶつ》。

(3) ――③「この深い海の養分」とは、どのような養分ですか。文中からぬき出して答えなさい。

（　　　　）

(4) ――④「ペンギンや……生きものだった」とありますが、それらの生きものを、たべられるじゅんに八字以《い》内《ない》で書きなさい。

① □□□□□□□□ ← ② □□□□□□□□ ← ③ □□□□□□□□ ← ④ペンギンやアザラシなどの動物

(5) この文章の説明《せつめい》の中心になっているのは、次のどれですか。記号《きごう》で答えなさい。

ア 海の水のはたらき　イ 海の氷のはたらき
ウ 海の水の塩分のはたらき
エ 深い海の養分のはたらき

（　　）

11日

気《き》持《も》ちを読み取《と》る (1)

1 次《つぎ》の文章《ぶんしょう》を読んで、あとの問《と》いに答えなさい。

舞《まい》となおみちゃんは、同じ四年A《エー》組の女の子です。二人とも、両方《りょうほう》のお母さんのおしゃべりできずついていました。

三十分ぐらい、なおみちゃんと遊《あそ》んだ。まわりがうすぐらくなっていた。空も赤から赤むらさきの色になっていた。帰ることにした。

「まいちゃん」

帰りながら、なおみちゃんが、舞の名前をよんだ。

「うん」

① 「わたしに、なにかようじがあったの？」

② 「え？」

「だって、わざわざ、わたしのところまできたんでしょう」

舞は、立ちどまった。

（そうだ、なおみちゃんにたのまなくちゃ。まだなんにもいってないんだ）

⬇答えは69ページ

(1) この物語《ものがたり》の場面《ばめん》は、一日のうちのいつごろのことですか。次からえらび、記号《きごう》で答えなさい。

ア 朝　イ 昼　ウ 夕方　エ 夜

（　　　）

(2) 文中の会話文の①と②は、それぞれだれが話した言葉《ことば》ですか。「舞」「なおみちゃん」「ママ」のどれかで答えなさい。

①（　　　）　②（　　　）

(3) この物語の中には、登場人物《とうじょうじんぶつ》が心の中でつぶやいているところがあります。それをさがして、そのままぬき出しなさい（符号《ふごう》をふくむ）。

（　　　　　　）

ヒント 文中の「　」や（　）の符号に気をつけよう。

月／日

心ぞうがどきどきするかなと思ったけど、だいじょうぶだった。舞は、なおみちゃんの方をむいた。

「あのね、きのうね、ママがわたしのおねしょのこといったでしょ。そのことね、だれにもいわないでって、たのもうと思ったんだ」

「あっ、そうか。うん、いいよ」

なおみちゃんは、あっさりいった。おでこにあせがひかっていた。

「そのかわり、まいちゃんもいわないでね」

「え？　なにを」

なおみちゃんが下をむく。声がすこし小さくなった。

「あのママがね、わたしのこと、パッとしないっていったでしょう。そのこと、あの、ママがね、そんなこといったってこと、だれにもいわないでね」

「いわないよ」

舞は、大きな声をだした。

（あさのあつこ「舞は10さいです。」）

(4) 舞は、なおみちゃんにどんなことをたのみましたか。

（　　　　）

(5) なおみちゃんは、舞にどんなことをたのみましたか。

（　　　　）

(6) (5)のときの、なおみちゃんの気持《き》ち《も》がその動作《どうさ》に表《あらわ》れている、一つづきの二文をさがしてぬき出しなさい。

（　　　　）

会話文の前後の地《じ》の文にも注意《ちゅうい》しよう。

(7) なやんでいた舞の気持ちがかわったと思われる文を一つ、文中からぬき出しなさい。

（　　　　）

12日

気《き》持《も》ちを読み取《と》る (2)

月　日

1 **次《つぎ》の文章《ぶんしょう》を読んで、あとの問《と》いに答えなさい。**

タマは、にげないで、じっとすわっていた。

にぼしを皿《さら》に入れてやると、タマはぼくの顔を見あげた。ぼくは、しゃがんで、にぼしを小さくちぎってやった。タマは、おとなしく待《ま》っていた。

いちばんやわらかいところをタマの口もとに差《さ》しだすと、ぼくの手から食べはじめた。食べおわっても、皿のにぼしには口をつけないで、ぼくの指《ゆび》を小さな舌《した》でていねいになめた。

気がつくと、タマはのどを鳴らしていた。そして、ぼくの目をじっと見て、鼻《はな》の上にちょっとしわをよせ、「アア」と鳴いた。小さいけど、やわらかくて、とてもあったかい声だった。

その夜のことだった。ベッドの足もとで、耳の先が上下して見えかくれした。あがろうか、あがるまいか考えているのだろう。いつものように、やっぱ

↓答えは70ページ

(1) ぼくは、子ネコのタマにどんなふうにしてにぼしを食べさせましたか。次の（　）㋐～㋒にあてはまる言葉《ことば》を、文中からさがして書きなさい。

にぼしを（㋐）ちぎって、いちばん（㋑）ところをタマの（㋒）に差しだした。

㋐（　　　　）　㋑（　　　　）

㋒（　　　　）

(2) ――「ぼくの目をじっと見て、……『アア』と鳴いた」とありますが、このときタマはどんな気《き》持《も》ちだとそうぞうできますか。次からえらび、記号《きごう》で答えなさい。

ア　もっとたくさん食べたいよ。
イ　ねむくなったよ。
ウ　おいしかったよ。
エ　ほかのものが食べたいよ。

（　　）

り、にげてしまうのか。それとも、ジャンプするタイミングをはかっているのか。ぼくはふとんを目の下まで引きあげて、気がつかないふりをした。かたをこわばらせて、ようすをうかがっていると、タマは、ぽん、とベッドにとびあがってきた。

やった！

タマはふとんの上で、ぐるぐるぐるぐる回っていたが、そのうち静《しず》かになった。丸くなったのだろう。まもなく、小さな寝息《ねいき》が聞こえてきたので、ぼくはそっと起《お》きあがった。

タマはふっくらしたおなかを上にむけて、きもちよさそうにねむっていた。ゆめを見ているのか、ときどき、ひげがぴくぴくした。

不細工《ぶさいく》で、おくびょうで、がにまたのタマ。しっぽだって、ウサギみたいだ。

でもね、どんなチャンピオンネコとだって、ぜったい、取《と》りかえてあげないよ。

（朽木《くつき》　祥《しょう》「ぼくのネコにはウサギのしっぽ」）

(3) ベッドの足もとにいるタマの動《うご》きを、きんちょうしながら見ている「ぼく」の様子《ようす》がわかるところを、文中から二十一字でぬき出しなさい。

ヒント きんちょうしているときはどのようになるか考えよう。

(4) タマがベッドにとびあがってきたときの、「ぼく」のうれしい気持ちが表《あらわ》れている言葉を、文中から四字でぬき出しなさい（符号《ふごう》をふくむ）。

(5) タマのことをとっても大事《だいじ》に思う「ぼく」の気持ちが強く表れている文を一つさがし、そのままぬき出しなさい。

（　　　　）

せいかくを読み取《と》る

答えは70ページ

月　日

1 **次《つぎ》の文章《ぶんしょう》を読んで、あとの問《と》いに答えなさい。**

「すごい雨がくるよ。」

みずきちゃんが、ランドセルをゆすって言った。

「ほんと？　秋なのに夕立《ゆうだち》がくる？」

「うん、すごいよ。今年最後《さいご》の夕立だよ。最後の夕立は、すごいんだよ。シャワーをいっぱいにしたときぐらいの雨だよ、きっと。」

みずきちゃんが、うふっと笑《わら》う。もも子も笑った。

学校からの帰り道だった。四年生になってから、もも子は、ずっとみずきちゃんといっしょに帰っていた。みずきちゃんといっしょだと楽しい。

みずきちゃんは、ひとの悪口《わるぐち》言わないし、変《へん》なうわさ話みたいなのもしない。いじわるでもない。四年生になってはじめて同じクラスで同じはんになった。すごく幸運《こううん》だなと思う。

もも子は、三年のとき、クラスの女の子たちからムシされていた。最初《さいしょ》は、えり子ちゃんたちのグル

(1) もも子とみずきちゃんのなかがよくて、楽しそうな様《よう》子《す》がよくわかるところをさがし、二つの文でぬき出しなさい。

（　　　　）

ヒント 登場人物《とうじょうじんぶつ》の身《み》ぶりや表情《ひょうじょう》に気をつけよう。

(2) みずきちゃんは、どんな女の子ですか。それがわかるところをさがし、はじめと終《お》わりの五字を答えなさい（句読点《くとうてん》をふくむ）。

□□□□□ ～ □□□□□

(3) ――①「そんな話」とは、どんな話を指《さ》していますか。文中から十字以内《いない》でぬき出しなさい。

□□□□□□□□□□

(4) ――②「それから、ムシされるようになった」とありま

ープとなかよしだったけど、えり子ちゃんたちが、ひとの悪口やうわさばっかりするから、ふっと、

「あたし、①そんな話、おもしろくない。」

と、言ってしまった。言ってからしまったと思ったけど、おそかった。
②それから、ムシされるようになった。だれもしゃべってくれない。給食《きゅうしょく》当番もいっしょにしてくれない。もも子は、もともとおしゃべりはあんまり得意《とくい》じゃないし、一人でいることも、わりに平気《へいき》だった。でも、クラスのほとんどの女の子からムシされるのは、つらかった。広いさばくをたった一人で歩いているみたいな、知らない場所《ばしょ》で迷子《まいご》になったような気持《きも》ちがした。心細かった。
だから、四年生になって、みずきちゃんと友だちになれたのは、うれしい。いっしょにいて楽しいみずきちゃんが、友だちでうれしい。

ポツッと音がした。アスファルトの上でしずくがはねた。

「ほら、きた。ももちゃん、走ろう。」

みずきちゃんが、もも子の手を引っぱった。

（あさのあつこ「たぬきのダンス」）


すが、どうしてムシされるようになったのですか。文中の言葉《ことば》を使《つか》って答えなさい。

（　　　　　　　　　　）

(5) 文中に、わかりやすいたとえを使った文が一つあります。その文のはじめと終わりの五字を答えなさい（句読点をふくむ）。

□□□□□～□□□□□

(6) みずきちゃんと友だちになったもも子は、どんなせいかくの女の子ですか。次からえらび、記号《きごう》で答えなさい。
ア 思っていることをはっきりと言うことができる、気の強い子。
イ だれとでも親しくなれるような、明るくて行動的《こうどうてき》な子。
ウ おしゃべりなどはあまり得意でないが、やさしくて、おとなしい子。

（　　）

14日 まとめテスト (2)

月　日

時間 20分〔はやい15分・おそい25分〕
合格 80点
得点　点

① 次《つぎ》の文章《ぶんしょう》を読んで、あとの問《と》いに答えなさい。

〈四年生の沢村《さわむら》ゆりは、チョウの幼虫《ようちゅう》を「みかん」と名づけて、たいせつに育《そだ》てていた。同じ組の石原さんが、そのチョウのさなぎにきょうみをもつ。〉

わたしと石原さんは、ふたりで家に帰った。

「ただいまぁ。」

声をそろえて言ったら、

「お帰りなさい。」

部屋《へや》から、おばあちゃんの声がした。

「ちょうどよかった。ほら、こっちに来て見てごらんなさい。」

わたしと石原さんは、顔を見合わせた。しずかに、そうっと部屋に入る。つくえの上のジャムのびんを、のぞきこんだ。

「……わあ！」

かれたミカンのえだに、アゲハチョウがとまっていた。黒いあみ目もようの羽を、かわかすようにじっ

⬇答えは71ページ

(1) ――「ちょうどよかった。……見てごらんなさい」とありますが、どんなことが「ちょうどよかった」のですか。次からえらび、記号《きごう》で答えなさい。(20点)

ア おいしいジャムができあがったばかりだということ。

イ 部屋の中に、きれいなチョウが入ってきたばかりだということ。

ウ びんの中のさなぎがかえり、チョウが生まれたばかりだということ。

(　　)

(2) 生まれたばかりのアゲハチョウの様子《ようす》を細かいところまでえがいているところをさがし、はじめと終《お》わりの五字を答えなさい(句読点《くとうてん》をふくむ)。(20点)

□□□□□～□□□□□

(3) アゲハチョウの動《うご》きをたとえを使《つか》って表《あらわ》している文があります。その文のはじめの五字をぬき出しなさい

としている。後ろ羽の青いもようが、うつくしい。触覚《しょっかく》の下にある、黒いつぶらな目。かぼそい六本の足。ふっくらした白いおなか。

「きれい……。」

石原さんが、それだけ言ってだまった。

わたしも胸《むね》がいっぱいで、なんにも言えなかった。

チョウは、生まれたての羽を、ゆっくり閉《と》じたり開《ひら》いたりしている。まるで、新しい世界《せかい》で深呼吸《しんこきゅう》しているみたい。

石原さんとふたりで、しばらく見とれた。

とうとう、チョウになれたね、みかん。

みかん？

ううん。この子は、みかんじゃないかもしれない。おばあちゃんがとってきた、別《べつ》の幼虫かもしれない。でも、こんなにりっぱなチョウになった。世界にひとつしかない、たいせつな命《いのち》だね。

（安田夏菜《やすだかな》「とべ！　わたしのチョウ」）

（句読点をふくむ）。（20点）

(4) この文章で、「わたし」と「石原さん」の気持《きも》ちはどのようにうつりかわっていますか。文中の言葉《ことば》を使って、次の（　　）に書きなさい。（10点×2—20点）

① もしかしたら、チョウになっているかも？

←

②（　　　　）

←

③（　　　　）

←

④ とうとう、チョウになれたね。よかったよ。

(5) 幼虫からさなぎになり、りっぱなチョウになったのを見てきた「わたし」は、どんなことを強く感《かん》じたと思われますか。そのことが表れている文をさがし、ぬき出しなさい。（20点）

（　　　　）

主題《しゅだい》を読み取る《と》(1)

1 **次《つぎ》の文章《ぶんしょう》を読んで、あとの問《と》いに答えなさい。**

おもわず、手をはなしたひょうしに、二ひきの子グマは、そばのクヌギの木に、かけのぼってしまいました。

「なあに、①そんなことしてもだめだぞ。」

「そうだ、こんなほそい木など、切りたおすに五分間もかからぬからな。」

＊狩人《かりゅうど》は、山刀《やまがたな》をぬいて、バシリバシリと切りかかりました。

㋐ウワアア、あたりの空気が、ぴりぴりするほどのものすごい声です。

ふたりの狩人は、とびさがっておどろきました。

そして、うしろをふりかえってみると、四ひきの狩《か》り犬をことごとくうちたおして、かたからおなかから、きずだらけになった大グマが、②あと足で、すっくと立ちあがり、ふたりをめがけて、とびかかろうとしているのです。大きくあけた口は、火をはくか

➡答えは71ページ

(1) ――①「そんなこと」とは、どんなことですか。文中の言葉《ことば》を使《つか》って答えなさい。

（　　　　　　）

(2) 〰㋐「ウワアア」、㋑「ワアアア」、㋒「クーン、クンクン」は、それぞれだれの声ですか。「子グマ」「狩人」「おかあさんグマ」の中からえらんで、書きなさい。

㋐（　　　）　㋑（　　　）　㋒（　　　）

(3) ――②「あと足で、すっくと立ちあがり、……とびかかろうとしている」と同じような、クマの行動《こうどう》をえがいている部分《ぶぶん》を、このあとから二つさがしなさい。そして、それぞれ四十字以内《いない》でぬき出し、はじめと終《お》わ

と思われるほどまっかです。

「㋑ワアアア。」

ふたりは悲鳴《ひめい》をあげて、シラカバの木のてっぺんまでよじのぼりました。と、おかあさんグマは、その木の下に、四足をふんばって立つと、ふたりを見あげて、また一声ほえたてました。

「助《たす》けてくれーい。」

狩人は、シラカバのてっぺんで悲鳴をあげました。

㋒クーン、クンクン。

クヌギの木からおりた子グマが、鼻《はな》をならしました。するとおかあさんグマは、子グマに近づいて、その頭を（㋐）なめてやりました。それから、狩人のいる木をにらみつけると、天もとどろけとばかり、もうれつな声でうなりました。そして、二ひきの子グマをひきつれると、（㋑）する足をふみしめ、ふみしめ、岩のほうにさっていきました。

（椋《むく》鳩十《はとじゅう》「母グマ子グマ」）

＊狩人＝鳥やけものをとるのを仕事《しごと》にしている人。

りの五字を答えなさい（句読点《くとうてん》をふくむ）。

～

～

(4) 文中の（　）㋐・㋑にあてはまる言葉を次からえらび、記号《きごう》で答えなさい。

ア よちよち　イ よろよろ

ウ ぐんぐん　エ ぺろぺろ

㋐（　）　㋑（　）

(5) この文章の中心になっていること（主題《しゅだい》）としては次のどれがよいですか。記号で答えなさい。

ア 狩人が子グマを取《と》りにがしてしまったこと。

イ 子グマがなんとか無事《ぶじ》ににげられたこと。

ウ おかあさんグマが命《いのち》がけで子グマを守《まも》ったこと。

エ 大グマの強さに狩人がおどろいたこと。

（　）

ヒント 物語《ものがたり》の主題が何かを考えよう。

主題《しゅだい》を読み取《と》る(2)

答えは72ページ

月　日

1 次《つぎ》の文章《ぶんしょう》を読んで、あとの問《と》いに答えなさい。

〈戦争《せんそう》がはげしくなって、マサ子たちは、*学童疎開《がくどうそかい》で東京から静岡県《しずおかけん》にうつされたのち、今度《こんど》は秋田県《あきたけん》へ向《む》かう。そのとちゅうの駅《えき》で汽車は少し停車《ていしゃ》していた。〉

お母さんは、なごりおしそうにおりていった。

まどの外へいそいでまわってくると、

「マサ子のおひな様《さま》も焼《や》けちゃったわ。つくえのおいてあったあたりに、①これがおちていたんだよ」

もんぺのポケットからだしたものを、マサ子の手ににぎらせてくれた。

それは、ガラスのおはじきだった。くぼんだところに、黒い土がこびりついていた。十一こあった。

ゴットン――

汽車はまた、音がしてゆれた。発車《はっしゃ》してしまうのだ。

「戦争がおわったら、すぐむかえにいくからね」

松田《まつだ》さんのおじさんが、大きな声でいった。

汽車は、もう走りだしていた。

(1) この文章を大きく二つの場面《ばめん》に分けると、後半はどこからはじまりますか。その文のはじめの五字をぬき出しなさい。

□□□□□

ヒント 場面(人・所《ところ》・時)のうつりかわりに注意《ちゅうい》しよう。

(2) この文章には、物音《ものおと》を表《あらわ》す言葉《ことば》が二つ出てきます。さがして、ぬき出しなさい。

(　　　　)(　　　　)

(3) ――①「これ」というのは、何でしたか。文中から八字でぬき出しなさい。

□□□□□□□□

「がんばれよ！」

「がんばるのよ」

汽車をおいかけて、おじさんやおばさんが、走ってきた。②走りながら、まどから手をだしているどの子の手でも、かまわずにぎりしめた。

声がきこえなくなって、きゅうにひえた夜の風がふきこんできた。

「まどをしめよう」

田中先生の声が、しずかだった。

パタパタと戸をしめる音がおわると、おしゃべりの声も、やっとひくくなった。

「戦争はいつおわるの？」

ヤス子が、マサ子のほうへむいてきいた。

「そんなこと、わかんないわよ」

「あしたおわるんだといいわね。そうしたらこのまま、この汽車で、東京へもどってもいいんでしょう」

マサ子は、なにもこたえなかった。

「ヤス子ちゃんに半分あげるね」

手のなかのおはじきを五つだけ、ヤス子の手のうえにのせてあげた。


（宮川《みやかわ》ひろ「おはじき」）

＊学童疎開＝空襲《くうしゅう》をさけるため、児童《じどう》を都市《とし》から地方へ集団《しゅうだん》でうつしたこと。

(4) ――②「走りながら……どの子の手でも、かまわずにぎりしめた」とありますが、このときのおじさんやおばさんはどんな気持《きも》ちだと思われますか。次の（　）㋐～㋒にあてはまる言葉を書きなさい。

親とはなれて、遠くの知らない土地でくらさなければならない子どもたち。自分の（㋐）だけでなく、どの子もみんな、どんなに（㋑）、つらい思いをするだろうかと心配《しんぱい》して、（㋒）という気持ち。

㋐（　　　　）
㋑（　　　　）
㋒（　　　　）

(5) この文章で、作者《さくしゃ》がもっとも言いたかったことは何ですか。次からえらび、記号《きごう》で答えなさい。

ア 戦争で住《す》む家や町を焼かれて、家族《かぞく》がはなればなれにならざるをえないことへのいかり。
イ 戦争のために、家族とはなれ、見知らぬ土地でくらすようになっても、弱音《よわね》をはかない強い心。
ウ 戦争でみんながつらい思いをしているときでも、やさしさをわすれずに、はげまし合う心。

（　　）

17日

要《よう》点《てん》をつかむ (1)

➡答えは72ページ

月　日

1 次《つぎ》の文章《ぶんしょう》を読んで、あとの問《と》いに答えなさい。

まわりにとけこむ

昆虫《こんちゅう》の立場から、鳥に食べられないようにするための方法《ほうほう》を考えてみましょう。

その方法の多くは、鳥にみつからないようにすることです。自分のからだの色によくにた場所《ばしょ》にじっとしていればいいのです。動《うご》かなければ、まわりの色にとけこみます。

ほとんどの鳥は昼間活動《かつどう》します。そこで多くの虫たちは、昼間はなるべく動かないようにし、鳥がねむりこんだ夜に活動するようになりました。その代《だい》表《ひょう》が、ガです。

まわりの色にとけこむ虫たちは、自分のからだの色を知っているかのように、からだの色やもようによくにた場所で休みます。

(1) ――「鳥に食べられないようにするための方法」とありますが、その方法としてどんなことが説明《せつめい》されていますか。文中から十五字でぬき出しなさい。

(2) 虫たちは、どんな方法で鳥にみつからないようにしていますか。文中から三つの方法を見つけて、その要点《ようてん》を短《みじか》くまとめた言葉《ことば》を、それぞれ八字と十一字でぬき出しなさい（符号《ふごう》をふくむ）。

ヒント 文章の小見出しに気をつけよう。

＊りんかくをぼかす

みつかりにくくするには、からだのりんかくをわからなくしてしまう、という方法もあります。

からだをひらたくすると、からだのりんかく線がわかりにくくなります。からだのまわりにかげができないからです。アワフキムシに近いなかまのヒラタミミズクの幼虫《ようちゅう》が、このよい例《れい》です。

黄色やオレンジ色は、それだけだとめだちますが、黒い線や点でばらばらにわけられると、虫の形がはっきりしなくなります。アゲハチョウのはね、オニヤンマのからだの色ともようなどが、この例です。

かくれが（巣《す》）をつくる

かくれがをつくってその中にかくれることも、みつからないための方法の一つです。

コロギスのなかまは葉《は》をつづり、昼間はそこにかくれていて、夜になると外へでてきて活動します。

（大谷《おおたに》　剛《たけし》「昆虫のふしぎ」〈あかね書房刊〉）

＊りんかく＝物《もの》の形を表《あらわ》すまわりの線。

(3) この文章に書かれていることを、表《ひょう》にまとめて整理《せいり》します。次の表の（　）㋐〜㋔にあてはまる言葉を、文中からさがして書きなさい。

鳥にみつからないための方法	虫の種類《しゅるい》
①（㋐　　） 1. 自分のからだの色によくにた場所にじっとしている。 2.（㋑　　）	（㋒　　）
② りんかくをぼかす からだのりんかくをわからなくしてしまう。	ヒラタミミズクの幼虫 アゲハチョウ （㋓　　）
③ かくれが（巣）をつくる （㋔　　）	コロギスのなかま

要点《ようてん》をつかむ(2)

1 次《つぎ》の文章《ぶんしょう》を読んで、あとの問《と》いに答えなさい。

それにしても、ごはんをおさらにもって食べている人たちが多いな。ぼくたちは、ふつう、ちゃわんで食べているのに。何がちがうんだろう。

日本で、ぼくたちがふつうに食べているお米と、インドや東南アジアの、もっとあたたかい国で食べているお米とでは、形*がちがう。たいたごはんも形がちがう。ちがうのは、形だけだろうか。そこで、①実験《じっけん》をしてみることにした。

おはしでつまんでみると、日本のごはんはつまみやすいけど、インドのごはんはつまみにくい。手でつまんでみると、日本のごはんはくっつくけど、インドのごはんはさらさらして、手につかない。おにぎりをにぎってみたら、日本のごはんではきれいにできたけど、インドのごはんではくずれてしまう。

➡答えは72ページ

(1) ──①「実験をしてみることにした」とありますが、その結果《けっか》、日本のごはんに対《たい》して、インドのごはんは、どのようでしたか。「インドのごはんは」につづけて、三つ書きなさい。

・インドのごはんは（　㋐　）
・インドのごはんは（　㋑　）
・インドのごはんは（　㋒　）

㋐（　　　　）
㋑（　　　　）
㋒（　　　　）

(2) ──②「いろいろと実験してみて、わかった」とありますが、インドのごはんと日本のごはんについて、わかったことを次の表《ひょう》に整理《せいり》しました。（　）㋐～㋔にあてはまる言葉《ことば》を書きなさい。

なお、㋐・㋑にはそれぞれの「食べ方」の理由《りゆう》になることを書きなさい。

② いろいろと実験してみて、わかった。インドの細長いお米でたいたごはんは、おはしではつまみにくいし、指《ゆび》にもつかないから、手で食べたりするんだ。手やスプーンで食べるには、ちゃわんよりもおさらがべんりなのだろう。このぱらぱらしたごはんを、おはしとちゃわんで食べようとすると、どうしても、口の近くにもってきて、*かっこむことになる。

日本のごはんはくっつきやすいから、おはしでもちあげて食べられる。おはしだと、テーブルなんかにおいたおさらの上からはこぶよりも、ちゃわんについで、もちあげて食べるほうがやりやすい。

お米がちがうから、手やスプーンで食べるか、おはしで食べるかに分かれるんだろう。

（森枝卓士《もりえだたかし》「手で食べる？」）

＊形がちがう＝インドのお米は細長い。日本のお米は短《みじか》い。
＊かっこむ＝「かきこむ」こと。大急《おおいそ》ぎで食べる。

	インドのごはん	日本のごはん
理由	（㋐）	（㋑）
食べ方	手で食べる。	（㋒）
食器《しょっき》	スプーン（㋓）	おはし（㋔）

㋐（　　　　）
㋑（　　　　）
㋒（　　　　）
㋓（　　　　）㋔（　　　　）

ヒント 理由をのべる「〜から」という言い方に気をつけよう。

(3) 実験をとおして、わかったことをまとめている文をさがし、はじめと終《お》わりの五字を答えなさい（句読点《くとうてん》をふくむ）。

□□□□□〜□□□□□

月　日

時間 20分［はやい15分・おそい25分］　合格 80点　得点　点

① 次《つぎ》の文章《ぶんしょう》を読んで、あとの問《と》いに答えなさい。

＊ひれを指《ゆび》のある手足に変化《へんか》させ、歩くことを手にいれたせぼねのある生《い》き物《もの》は、地上でまたさまざまな種類《しゅるい》に分かれます。

そして、現在《げんざい》のヘビやカメの①祖先《そせん》にあたる、はちゅう類《るい》から恐竜《きょうりゅう》が生まれます。さらに恐竜のなかには、体の表面《ひょうめん》をおおうろこが、＊羽毛《うもう》に変化したなかまが出てきます。鳥の祖先です。

恐竜というと、そのすがたからトカゲやワニが生きのこりと思われますし、かつてはそう考える学者《がくしゃ》もいました。しかしいまは研究《けんきゅう》がすすみ、恐竜とも鳥とも見えるような生物《せいぶつ》の化石が見つかって、恐竜の子孫《しそん》は鳥だということが明らかになっています。

さて、この鳥ですが、②歩くために手にいれた前足、ヒトでいう手を、思いきり変化させてしまいました。

それは、歩くことより、飛《と》ぶことのほうが鳥にとってつごうがよかったからです。さて、よかったわけ

答えは73ページ

(1) この文章で話題《わだい》が変《か》わって、本題《ほんだい》に入っているのはどこからですか。段落《だんらく》のはじめの五字をぬき出しなさい（句読点《くとうてん》をふくむ）。また、何についての話題に変わりましたか。一字で答えなさい。（10点×2―20点）

段落のはじめ

話題

(2) ――①「祖先」と反対《はんたい》の意味《いみ》をもつ言葉《ことば》を文中からさがし、二字で書きなさい。（15点）

(3) ――②「歩くために手にいれた前足……変化させてしまいました」とありますが、何に変化させましたか。文中からさがし、三字で書きなさい。（15点）

はなんでしょう。

鳥は、前足が変化したつばさで空を飛ぶことで、陸《りく》の上を歩くよりてきも少なく、おそわれることもへったはずです。えさも高い木の上の昆虫《こんちゅう》や実《み》を食べたり、小動物《しょうどうぶつ》を空からねらったりもできたでしょう。③このように飛べることは、鳥には大きな利点《りてん》となりました。

生き物《いきもの》にとって、いちばん大切なことは、子孫をふやし生きつづけることです。ほかのなかまより生きのこることに体の形がつごうよく変化したものだけが、子孫をふやすことができ、その体の変化も受《う》けつがれていくのです。これが進化《しんか》の仕組《しく》みです。

（山本省三《やまもとしょうぞう》「ヒトの親指《おやゆび》はエライ！」）

＊ひれ＝魚が泳《およ》ぐときに使《つか》う物。
＊羽毛＝鳥の体に生えているはね。

(4) ――③「このように飛べることは、鳥には大きな利点となりました」とありますが、どんな利点がありましたか。文中の言葉を使《つか》って、二つ書きなさい。（15点×2―30点）

（　　　　）

（　　　　）

(5) この文章の内容《ないよう》に合っているものを次から一つえらび、記号《きごう》で答えなさい。（20点）
ア 恐竜とも鳥とも見える生物の化石が見つかって、恐竜の子孫が何なのかますますわからなくなった。
イ 鳥は、歩くことと、つばさで飛ぶことの両方《りょうほう》で、生き物の中でいちばん子孫をふやしてきた。
ウ 鳥は、前足が変化したつばさで空を飛ぶことで、てきも少なく、えさもとりやすくなり、子孫をふやしてきた。

（　　　　）

1 **次《つぎ》の文章《ぶんしょう》を読んで、あとの問《と》いに答えなさい。**

試合開始《しあいかいし》。

選手《せんしゅ》たちは、それぞれのポジションについた。

おどろいたことに、あの足のわるい少年が、センターハーフのポジションにいるではないか！

補欠《ほけつ》ではなかった。桃井小《ももいしょう》サッカー部《ぶ》のれっきとしたレギュラーだった。しかも、センターハーフは攻守《こうしゅ》の①かなめ。
＊ベアーズＦＣ《エフシー》のイレブンは、みなおたがいに顔を見合わせて、②意外《いがい》だという顔をした。
健一《けんいち》もとなりの大宮《おおみや》の顔を見た。大宮も健一を見てにこっとすると、右手をにぎりしめてＶ《ブイ》サインを出した。この試合勝《か》ったも同然《どうぜん》だと言っているのが、あきらかに分かった。
③健一も同じように思った。ベアーズＦＣのだれもがそう思ったにちがいない。
ところが、試合がはじまると、その少年はボール

↓答えは73ページ

(1) ――①「かなめ」、②「意外だ」の意味《いみ》をそれぞれあとからえらび、記号《きごう》で答えなさい。

① かなめ
ア とくに弱いところ。
イ もっともたいせつなところ。
ウ おたがいがもっとも近づいたところ。
（　　）

② 意外だ
ア うたがわしい。
イ 思っていたとおりだ。
ウ 思いがけない。
（　　）

(2) ――③「健一も同じように思った」とありますが、どのように思ったのですか。文中から十一字でぬき出しなさい。

月　日

が来てもうまくコントロールして、そのボールをいいところにパスを出す。足を引きずりながらも、なかなかうまいドリブルで、いいポジションを確保《かくほ》していく。もちろん走るスピードは速《はや》くはないが、こうげきにも参加《さんか》している。

健一の目は、その少年にくぎづけになった。

ベアーズFCのイレブンは、④あぜんとして、その少年を見ていた。

そして、試合がはじまって五分もたたないうちに、まほうにでもかかったように思わぬ一点をとられてしまった。

「おーい、どうした。しまっていこうぜ。」

後ろからキーパーの田中が、みんなに声をかけた。その声で全員《ぜんいん》が自分をとりもどしたように、

「よし。」

と、いっせいに声をかけあった。

（阿部《あべ》　肇《はじめ》「あしたへキックオフ」）

＊ベアーズFC＝前に出ている「桃井小サッカー部」と同じく、小学生のサッカーチームの名前。

(3) ――④「あぜんとして」とは、どんな様子《ようす》を表《あらわ》していますか。次からえらび、記号で答えなさい。

ア　おどろき、あきれてものが言えない様子。

イ　ほんとかどうかをうたがっている様子。

ウ　強く心を動《うご》かされている様子。

（　　）

ヒント　言葉《ことば》の意味は、前後の文からも見当をつけよう。

(4) この場面《ばめん》では、「足のわるい少年」に対《たい》するベアーズFCのイレブンの気持《きも》ちが、うつりかわっています。次の（　）にあてはまる言葉を、いずれも三字で書きなさい。

㋐あの少年が、センターハーフのポジションにいるとは（　）。

㋑これだと、この試合は勝ったも（　）と思った。

㋒その少年の攻守にわたるうまいプレーを見て、みんなは（　）とした。

㋐

㋑

㋒

➡答えは73ページ

月／日

1 次《つぎ》の文章《ぶんしょう》を読んで、あとの問《と》いに答えなさい。

とつぜん、ルミが立ち止まりました。

ルミの＊視線《しせん》の先をたどると、横断歩道《おうだんほどう》で信号待《しんごうま》ちをしている一人のおばあさんのすがたがありました。

おばあさんのこしは、ひどく折《お》れまがっていて、顔と地面《じめん》がにらめっこしているのでした。［あ］、重《おも》そうな荷物《にもつ》を手に持《も》っています。

「ルミの知っている人？」

「ううん。」

㋐「じゃ、行こう。」

㋑「①あのすがたを見たら、ほうっておけないよ。」

ルミが、ぱっとかけだしました。

「わたらせてあげてくる。」

「待って。」

カヤは、あわててよび止めました。

「スイミングスクールにおくれるよ。」

(1) 文中の［　］あ～うにあてはまるつなぎ言葉《ことば》を次からえらび、記号《きごう》で答えなさい。

ア だから　イ それから　ウ そのうえ

エ つまり　オ でも

あ（　　）い（　　）う（　　）

ヒント 前の文とあとの文のつながり方を考えよう。

(2) 文中の会話文㋐・㋑は、それぞれだれが言った言葉ですか。「ルミ」「おばあさん」「カヤ」の中からえらび、書きなさい。

㋐（　　）　㋑（　　）

(3) ―①「あのすがた」とありますが、だれのどんなすがたを指《さ》していますか。文中からその部分《ぶぶん》をさがし、はじめと終《お》わりの五字を答えなさい（句読点《くとうてん》をふくむ）。

□□□□□～□□□□□

「わかってる。」
「今日は進級《しんきゅう》テストがあるんだよ。おくれたら受《う》けさせてもらえないんだよ。」
「わかってるって。先に行ってて。」

先に行こうと思いました。［い］、すぐに②その考えを打《う》ち消《け》したのは、ルミと行きたいからでした。信号が一回変《か》わるくらい待っても、どうってことないしね。

道のはしによけて待つことにしました。ここは、ふだんから人や車の多いところです。

ルミはおばあさんに声をかけ、荷物を持ってあげました。［う］、二人は手をつないで、ゆっくりとわたって行きました。

（安江生代《やすえいくよ》「花曜日《はなようび》」）

＊視線＝目で物《もの》を見ている方向《ほうこう》。

(4) ――②「その考え」とは、どのような考えを指していますか。文中の言葉を使《つか》って書きなさい。

（　　　　）

(5) この場面《ばめん》で、「ルミ」と「カヤ」の考え方やしたことが、まったくちがっています。どのようにちがっているか、次の（　）A〜Eにあてはまる言葉を書きなさい（同じ言葉を二度《ど》使ってもよい）。

ルミのほうは、スイミングスクールの（　A　）よりも、こまっている（　B　）に親切にすることのほうが（　C　）だと思っているが、カヤのほうは、見知らぬ（　D　）のことよりも、（　E　）のほうが大事《だいじ》だと思っている。

A（　　　）　B（　　　）

C（　　　）　D（　　　）

E（　　　）

1 次《つぎ》の文章《ぶんしょう》を読んで、あとの問《と》いに答えなさい。

「もう、いまごろは、山をこえたの。」

と、しばらくたって、またきくと、

「ああ、そうだよ。」

父さん鳥のものいうようすは、ものぐさそう*にみえました。子どもの鳥は、それをみて、もうそのうえにたずねようとはしませんでした。

けれども、十日二十日とたっても、母さん鳥は、帰ってきません。①子どもの鳥には、十日はながくて、ひと月よりも、いやもっと、一年よりもながいように思われました。

さて、ある夜中でありました。むく鳥の子は、ふと、ぽっかりと目がさめました。
②かすかな音がしていました。
かさこそ、かさこそ……。

耳をむけると、木のほら*の口もとらしく、どうやらはねのすれあうようなひくい音。

答えは74ページ

(1) この文章には、場面《ばめん》が大きくかわるところがあります。その場面をさがし、一文でぬき出しなさい。

（　　　　）

ヒント 「さて」というつなぎ言葉《ことば》に注目《ちゅうもく》しよう。

(2) ――①「子どもの鳥には……一年よりもながいように思われました」とありますが、なぜそのように思われたのですか。二十五字以内《いない》で書きなさい。

(3) ――②「かすかな音」とありますが、具体的《ぐたいてき》にはどのような音ですか。文中からぬき出しなさい。

（　　　　）

月　／　日

むく鳥の子は、父さん鳥をゆすぶりおこしていいました。

「③お父さん、お父さん、お母さんが帰ってきたよ。」

父さん鳥は、あわてたように目をあけました。けれども、すぐに気がついて、

「いやいや、ちがう。風の音だよ。」

そういって、また目をとじてしまいました。けれども、子どものむく鳥は、どうにも、ねむられませんでした。こっそりと、ほらの出口にいってみました。すると、それは、父さん鳥のいったとおりに、つめたい風が黄いろいかれ葉《は》をふいているのでありました。

「やっぱり④そうかな。」

むく鳥の子は［　　］につぶやきました。ほらのねどこにもどりました。あたたかなねどこのなかは、もうはんぶんはひえていました。むく鳥の子は、父さん鳥に小さなからだをすりよせて、足をちぢめてねむりました。

（浜田《はまだ》廣介《ひろすけ》「むく鳥のゆめ」）

＊ものぐさ＝めんどうくさがること。なお、父さん鳥は、母さん鳥がなくなっていることを子どもに教えていなかった。

＊ほら＝岩や大木などにできた、中が空いたあな。

(4) ――③「お父さん……お母さんが帰ってきたよ」とありますが、むく鳥の子はどんなことからそう思って、お父さんに言ったのですか。次の（　）㋐～㋒にあてはまる言葉を書きなさい。

夜中に木のほらの口もとのほうから、（㋐）のすれあうようなひくい（㋑）がしたことから、（㋒）が帰ってきたと思ったため。

㋐（　　）　㋑（　　）　㋒（　　）

(5) ――④「そうかな」の「そう」は何を指《さ》していますか。文中から三字でぬき出しなさい。

［　　　］

(6) 文中の［　　］には、むく鳥の子の気持《きも》ちを表《あらわ》す言葉が入ります。次からえらび、記号《きごう》で答えなさい。

ア　うれしそう　　イ　つまらなそう

ウ　おそろしそう　エ　おもしろそう

（　　）

23日 まとめテスト (4)

➡答えは74ページ

時間 20分【はやい15分・おそい25分】 合格 80点 得点 点

月　日

① 次《つぎ》の文章《ぶんしょう》を読んで、あとの問《と》いに答えなさい。

先生が、ピーッとふえをふいて、いっせいにスタートした。

＊安江《やすえ》くんは、（　あ　）トップでとびだし、佐野《さの》さんが、ひとりだけおくれてしまった。

「グループで、いっしょに走る！」

ピッピッと、先生が、ふえをふいた。

それでも、安江くんは、ゆっくり走ろうとしない。同じグループのメンバーを、（　い　）、にらみつけて、

「走れ、ノロマ！」

って、どなった。

うしろから、ゼハッゼハッて、苦《くる》しい息《いき》づかいがきこえた。佐野さんのかげぼうしが、やじろべえみたいに、ゆらゆらしている。そのかげをふみながら、あたしは走った。

ふりむいて、「だいじょうぶ？」って、ききたかった。でも、あたしも苦しいんだ。

(1) 文中の（　）あ〜うにあてはまる言葉《ことば》を次からえらび、記号《きごう》で答えなさい。（8点×3―24点）

ア ぐんぐん　イ みるみる
ウ そわそわ　エ ほかほか
オ ちらちら

あ（　　）い（　　）う（　　）

(2) 声や物音《ものおと》を表《あらわ》す言葉が文中に四つ出てきます。そのうち二つは同じ言葉です。文中からさがし、三つ書きなさい。（7点×3―21点）

（　　　　）（　　　　）
（　　　　）

(3) ――①「安江くんは、ぶすっとして、歩きだした」とありますが、どうして歩きだしたのですか。安江くんの気持《きも》ちを考えて書きなさい。（20点）

ほかのグループが、（　う　）、おいぬいていく。

ふりむいた安江くんは、くさったゴミを見たような、いやあな顔だった。

「もうやーめた」

①安江くんは、ぶすっとして、歩きだした。

佐野さんは、さいごまで走りつづけた。ゼハッゼハッ、息をはいて。ゆらゆら、からだをひきずって。

あたしも、走った。せなかで、佐野さんのはく息と、足音をきいて。

心のなかで、②（どうかお願《ねが》い）って、くりかえしながら。

あたしたちのグループは、ビリだった。

安江くんが、ムカついて、佐野さんのブルマーをけっとばした。

（高山栄子《たかやまえいこ》「世界《せかい》のなかで、ひとりといっぴき」〈ポプラ社刊〉）

＊安江くん＝四年生の「わたし」と同じクラスの男の子。クラスでいちばんはやい。おそいのは佐野さんという女の子。

(4) ――②「（どうかお願い）」とありますが、どんなことをお願いしていると思われますか。次からえらび、記号で答えなさい。（15点）

ア　佐野さんには、負《ま》けたくないよ！

イ　佐野さん、がんばって走って！

ウ　安江くん、みんなをまってあげて！

エ　安江くん、歩かないで、走って！

（　　　）

(5) この場面《ばめん》で、「あたし」がいちばん気にしているのはどんなことだと思われますか。次からえらび、記号で答えなさい。（20点）

ア　走るのがおそい佐野さんよりも、「あたし」のほうが苦しいのではないかということ。

イ　走るのがはやい安江くんが、「あたし」やみんなにひどいことを言うかもしれないこと。

ウ　走るのがはやい安江くんが、いちばんおそい佐野さんにひどいことをしないかということ。

（　　　）

↓答えは75ページ

月　日

1 次《つぎ》の文章《ぶんしょう》を読んで、あとの問《と》いに答えなさい。

しぶ柿《がき》を知っていますか？

見ためは、くだものやさんで見かけるあま柿《がき》と同じですが、味《あじ》は、まるでちがいます。

これは、しぶ柿の木です。こんなにたくさんの実《み》がなっていても、そのままでは、おいしくありません。

春、柿《かき》の木に小さな白い花が緑《みどり》のがくのあいだにかくれて、そっとさきました。その花のつけねがふくらみ、ゆっくりと大きくなって、秋になるころには、きれいな柿色《かきいろ》に変《か》わっていきます。

あま柿も、しぶ柿と同じです。だって、もともと同じしゅるいの木なのですから。でも、山の上のほうに生えている柿は、たいていしぶくなってしまい

(1) 柿の実がなって、色づくのはいつごろですか。次からえらび、記号《きごう》で答えなさい。

ア 春　イ 夏　ウ 秋　エ 冬

（　　）

(2) 柿には、どんなしゅるいの柿がありますか。文中から二つぬき出しなさい。

（　　）（　　）

(3) ——①「昔の人はしぶい柿を……思いつきました」とありますが、どんなやり方で「しぶい柿を、あまくておいしい柿」にしたのですか。文中から十五字以内《いない》でぬき出しなさい。

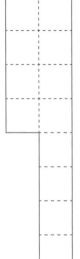

ます。山の上は、寒《さむ》いからです。

そこで、①昔《むかし》の人はしぶい柿を、あまくておいしい柿にすることを思いつきました。それは、干《ほ》すというかんたんなやりかたです。

干《ほ》し柿《がき》を作るには、まず、柿の皮《かわ》をむきます。②きかいではなく、ひとつひとつ手でむいていくのです。なれると、そのほうが早いし、できあがりの形がきれいだからです。

つぎに、皮をむいた柿をなわでつないでいきます。

おばあちゃんは、干し柿作りの名人です。子どものころから、毎年秋になるとこうして干し柿を作ってきたのです。しゅる、しゅる、わらをよってなわを作り、柿のへたにむすびます。

「わたしが、小さかったときにはね、ケーキもチョコレートもなかったから、干し柿が、大事《だいじ》なおやつだったんだよ。むいた皮も干して、おやつがわりに食べたりして、大切にしたんだよ。」

たくさん作るときは、なわだけでなく、ひもも使《つか》います。ひもでつないだ柿をのきの下に干します。


（西村《にしむら》 豊《ゆたか》「干《ほ》し柿《がき》」〈あかね書房刊〉）

(4) ――②について、どうして、柿の皮を「きかいではなく、ひとつひとつ手でむいていく」のですか。

（　　　　）

(5) おばあちゃんの子どものころ、干し柿は、小さい子にとってどんなものでしたか。六字で答えなさい。

(6) 「干し柿」は、どんなじゅんじょで作られますか。次の文の（　）にあてはまる言葉《ことば》を書きなさい。

① 柿の（　）をむく。
↓
② 皮をむいた柿を（　）やひもでつないでいく。
↓
③ つないだ柿をのきの下に（　）。

①（　　）　②（　　）
③（　　）

ヒント じゅんじょを表《あらわ》す「まず」「つぎに」に注意《ちゅうい》しよう。

1 **次《つぎ》の文章《ぶんしょう》を読んで、あとの問《と》いに答えなさい。**

〈ヒトの親指《おやゆび》はすべての指《ゆび》とむきあえることができます。これは、道具《どうぐ》をあつかうときにとびきり便利《べんり》です。〉

①ちょっと実験《じっけん》をしてみましょう。親指を手の*ひらに折《お》りこんで、のこった4本の指だけでこの本をつかんでみてください。すると、4本の指をまげて手のひらではさむことになりますね。もう一方の手で引っぱると、本は手の間からたやすくぬけてしまいませんか。

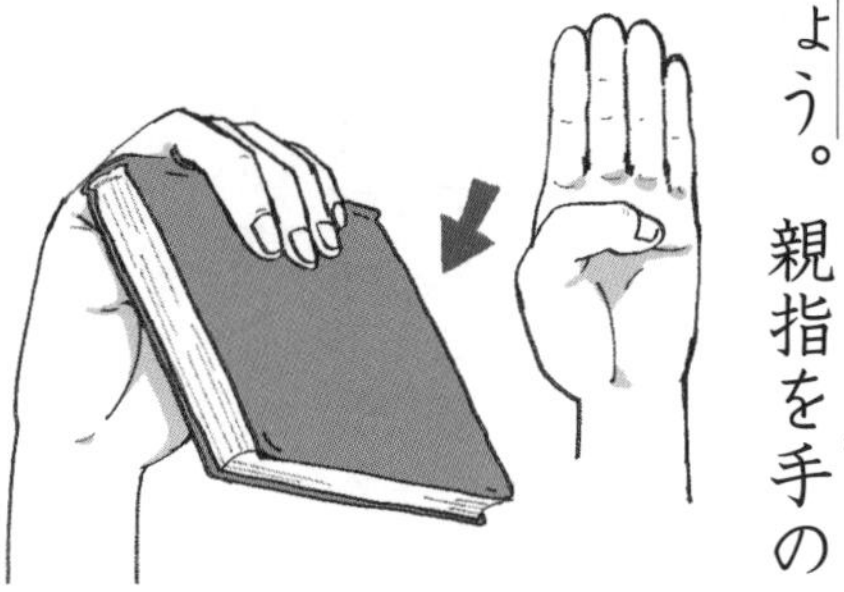

こんどは、親指もつかって本をもってください。親指はほかの4本の指とは反対側《はんたいがわ》にまわって本をはさむ形になったはずです。同じようにもう一方の手で本を引っぱると、さっきのようにぬけることはありません。

⬇答えは75ページ

(1) ――①「ちょっと実験をしてみましょう」とありますが、その実験の内容《ないよう》は、この文章のどこからどこまでに書かれていますか。はじめと終《お》わりの五字を答えなさい（句読点《くとうてん》をふくむ）。

□□□□□ ～ □□□□□

(2) (1)の実験は、どんなことをたしかめるためのものでしたか。次からえらび、記号《きごう》で答えなさい。

ア 本の上手な持《も》ち方
イ 手の上手な動かし方
ウ 4本の指の大切なはたらき
エ 親指の大切なはたらき

（　　）

ヒント よく出てくる、大事《だいじ》な言葉《ことば》をとらえよう。

(3) 文中の□㋐・㋑にあてはまるつなぎ言葉を次からえらび、記号で答えなさい。

月　日

このように、くるくる動《うご》く親指のおかげで、ヒトは物《もの》をしっかりつかめるようになったのです。親指をほかの４本の指と反対側にまわし、物をにぎることができたのです。

サルのなかまには、手（前足）で物をつかむことができる種類《しゅるい》がたしかにいます。［㋐］、親指をヒトほど反対側にまわせるサルはいません。［㋑］、つかむのでなく、ヒトはにぎることができる、ただひとつの動物《どうぶつ》なのです。

道具をつくるとき、さらに道具をつかってべつの道具をつくるとき、このしっかりにぎれるということが大きな力になったのは②いうまでもありません。

（山本省三《やまもとしょうぞう》「ヒトの親指はエライ！」）

＊手のひら＝手首から先の、にぎったとき内側《うちがわ》になる面《めん》。

ア だから　イ すると　ウ けれども
エ しかも　オ つまり

㋐（　　）　㋑（　　）

(4) ――②「いうまでもありません」の意味《いみ》は、次のどちらですか。記号で答えなさい。

ア あたりまえだ　イ まちがいだ　（　　）

(5) ㋐サルのなかまのできることと、㋑ヒトしかできないことを、それぞれ書きなさい。また、㋒なぜヒトしかできないのか、その理由《りゆう》も書きなさい。

㋐サルのなかまのできること（　　）

㋑ヒトしかできないこと（　　）

㋒ヒトしかできない理由（　　）

説明《せつめい》文《ぶん》を読む(3)

⬇答えは76ページ

1 次《つぎ》の文章《ぶんしょう》は、米づくりの仕事《しごと》の様子《ようす》を説明《せつめい》しています。これを読んで、あとの問《と》いに答えなさい。

田植《たう》えのじゅんび

種《たね》まきをしてから約《やく》三週間で、なえは田にうえられるくらいに成長《せいちょう》します。

ビニルハウスの中でなえがそだっているあいだに、①田も、田植えのじゅんびをしておかなければなりません。

バシャ　バシャ　バシャ……

トラクターが、車輪《しゃりん》をどろだらけにして、②しろかきをしています。しろかきというのは、かたまった土を、田に水をいれてたがやし、やわらかくすることです。

しろかきのまえにも、田に肥料《ひりょう》をやったり、水をいれたり、いそがしい日がつづきました。

(1) ――①「田も、田植えのじゅんびをしておかなければなりません」とありますが、どんなじゅんびをするのですか。その仕事を三つそれぞれ、文中の言葉《ことば》を使《つか》って八字で書きなさい。

ヒント 「～たり、～たり」という言い方に注目《ちゅうもく》しよう。

(2) ――②「しろかき」とは、何ですか。文中からぬき出しなさい。

(　　　　)

(3) ――③「田植え」とは、どんなことをする仕事ですか。文中からぬき出しなさい。

□

四月の終《お》わりごろから五月のはじめにかけて、東《あずま》村《むら》のあたりでは、③田植えがはじまります。

田植えは、はこの中でそだてたなえを、広い田にうえかえる作業《さぎょう》です。二〜三本ずつ、規則《きそく》正しくあいだをあけて、うえます。

「さあ、きょうから田植えをはじめるか。」

おじさんがいいました。

ビニルハウスからなえをだし、車につんで、家のすぐうらにある田にむかいます。三ヘクタールの田に、おじさんとおばさんの二人で、田植えをするのです。

「去年《きょねん》までは、機械《きかい》のうしろからついていく歩行型《ほこうがた》だったが、今年は、機械にのって田植えができる型《かた》にかえたから、ずいぶん楽になったなあ。」

おじさんの運転《うんてん》する田《た》植《う》え機《き》がとおりすぎたあとには、緑《みどり》のなえがきれいにならんで顔をだします。

④昔《むかし》の田植えは、十数人が一列《いちれつ》にならんで、なえを手でうえていました。でも、今は、機械をつかうので、人手《ひとで》も少なくてすみ、時間もかかりません。

（寺村春枝《てらむらはるえ》「米をつくる農家《のうか》」〈ポプラ社刊〉）

（　　　）

(4) ――④「昔の田植え」と、今の田植えのちがいをまとめます。次の文の（　）あ〜おにあてはまる言葉を書きなさい。

㋐昔の田植えは、（あ）が一列にならんで、なえを（い）でうえていた。（う）がかかり、時間もかかった。

㋑今の田植えは、（え）を使って、なえをうえている。人手も少なくてすみ、（お）もかからない。

あ（　　　）　い（　　　）

う（　　　）　え（　　　）

お（　　　）

(5) 文中の□に、このあとの文章にふさわしい見出しを入れるとすると、次のどれがよいですか。記号《きごう》で答えなさい。

ア いそがしいしごと　　イ 楽になったしごと

ウ 田植えの今と昔　　エ 田植えのしごと

（　　　）

月　日

時間 20分 【はやい15分・おそい25分】
合格 80点
得点　点

↓答えは76ページ

1 次《つぎ》の文章《ぶんしょう》を読んで、あとの問《と》いに答えなさい。

植物《しょくぶつ》は地面《じめん》に根《ね》をおろすので、一歩も動《うご》けません。

動物《どうぶつ》たちは前へ前へと進《すす》みます。食べものをもとめ、敵《てき》からのがれ、オスならメス、メスならオスをさがして、前へ進むのです。

＊哺乳類《ほにゅうるい》だけではありません。昆虫《こんちゅう》や魚たち、ヘビやカエルのなかま、それに鳥たち――動物はみんなそうです。

水の中を泳《およ》いだり、地面をはったり、空をとんだり、その進み方はいろいろですが、どれも＊胴体《どうたい》をヨコにして前へ進みます。胴体をタテにして前進《ぜんしん》するのは、二本足で歩くようになった人間だけです。人間は動物のなかまでも、とりわけかわり者《もの》なのです。

①なぜそうなったのでしょう？

遠い遠い昔《むかし》、人間の祖先《そせん》のそのまた祖先は、サルのなかまでした。

サルたちのすみかは、森の中です。②森の中は、く

(1) ――①「なぜそうなったのでしょう？」とありますが、筆者《ひっしゃ》はどういうことを問いかけているのですか。次からえらび、記号《きごう》で答えなさい。(20点)

ア 動物たちはどれも、なぜ胴体をヨコにして前へ進むようになったのかということ。

イ 動物のなかまのなかで、なぜ人間だけがちがうのかということ。

ウ 人間は、なぜ胴体をタテにして二本足で歩くようになったのかということ。

エ サルと人間は、なぜちがうようになったのかということ。

（　　）

(2) ――②「森の中は、くらしやすいところです」とありますが、なぜくらしやすいのですか。文中の言葉《ことば》を使《つか》って書きなさい。(20点)

（　　）

らしやすいところです。食べものがゆたかで、気候《きこう》もよく、そこらじゅうがかくれがです。でも、③木のぼりがうまくないと、だめです。

リスやネコなら、するどいツメを木にくいこませてのぼれますが、からだの大きいサルには、これはむりです。

サルたちは、親指《おやゆび》をべつに動かして前足や後足で枝《えだ》をにぎり、木のぼりをします。前足で木の実《み》をとるのもじょうずです。そのうちにだんだん、前足は人間の手ににてきました。それに、二本の後足でバランスをとって立つのも、すこしずつうまくなりました。

やがて、④サルのうちのあるものは、森をはなれて平地《へいち》にすむようになり、二本足で歩きだしました。それが、今の人間の遠い祖先なのです。

（香原志勢《こうはらゆきなり》「2本足と4本足」）

＊哺乳類＝はいで呼吸《こきゅう》し、乳《ちち》を飲《の》ませて子を育《そだ》てる動物。人・サル・リス・ネコ・イヌなど。

＊胴体＝頭と手足のほかの体の部分《ぶぶん》。

(3) ――③「木のぼりがうまくないと、だめです」とありますが、サルたちは、どのようにして木にのぼるのですか。それがわかる文をさがし、はじめと終《お》わりの五字をぬき出しなさい（句読点《くとうてん》をふくむ）。（20点）

[　　　　　]～[　　　　　]

(4) ――④「サルのうちのあるものは……二本足で歩きだしました」とありますが、そのためにはどんなことが必要《ひつよう》だったのですか。次の（　）あ～えにあてはまる言葉を二字以内《いない》で書きなさい。（10点×4―40点）

ア（あ）をじょうずに動かして、（い）のようなはたらきができること。

イ 二本の（う）でバランスをとって（え）ことができるようになること。

あ（　　　）　い（　　　）

う（　　　）　え（　　　）

1 次《つぎ》の詩《し》を読んで、あとの問《と》いに答えなさい。

木

与田準一《よだじゅんいち》

木に登《のぼ》って本を読んだ。
木に登って海の音を聞いた。
木に登ってハモニカをふいた。
木に登って眠《ねむ》った。

かっこうのいい木のまたが
ぼくをいつも待《ま》っていた。
独《ひと》りになるためにそこにいった。
ぼくの未来《みらい》がそこから続《つづ》いていると思った。

どしんと落《お》っこちるゆめが
眠っているあいだ、ぼくをおどかした。
木のはだが
手足にばら色のあと型《かた》をつけた。

↓答えは76ページ

(1) この詩は、いくつの連《れん》からなっていますか。漢数字《かんすうじ》で答えなさい。

（　　）連

(2) 第《だい》一連は、すべての行が「木に登って……」ですが、その理由《りゆう》がわかるように書かれているのは、どの連ですか。漢数字で答えなさい。

第（　　）連

(3) 第二連の「かっこうのいい木の……待っていた」は、人間でないものを人間の動作《どうさ》のように表《あらわ》しています。これと同じような表し方の一文を二つさがし、それぞれはじめの五字をぬき出しなさい。

□□□□□・□□□□□

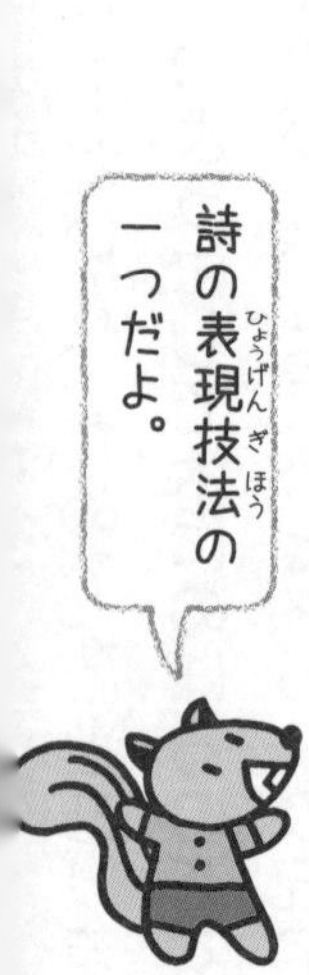

2 次の詩を読んで、あとの問いに答えなさい。

なりたいな

内田麟太郎《うちだりんたろう》

やっぱり　いつも　びりだもの
どんなに　はやく　かけたって
うまれつきって　あるのかな

やっぱり　ピアニカ　だめだもの
どんなに　れんしゅう　つんだって
うまれつきって　あるのかな

もじゃもじゃ　まゆは　とうさんに
まるい　かおは　かあさんに
うまれつきって　あるのかな

おいしい　そばやに　なりたいな
とうさんみたいに　なりたいな
もしも　ほんとに　あるのなら
うまれつきって　あるのかな

(1) この詩では、同じ言い方がくり返《かえ》されているところがあります。一行でぬき出しなさい。

（　　　　　　　　　　）

(2) この詩で、がんばっている様子《ようす》がえがかれているのは、どの連ですか。二つさがし、漢数字で答えなさい。

第（　　）連・第（　　）連

(3) この詩で、「なりたいな」と思っているのは何でしたか。三字でぬき出しなさい。

□□□

ヒント　第四連に注目《ちゅうもく》します。

(4) この詩の感想《かんそう》として合うものを次から一つえらび、記《き》号《ごう》で答えなさい。

ア　なぞなぞのような、むずかしい詩だ。
イ　元気が出てくるような、力強い詩だ。
ウ　リズム感のある、楽しい詩だ。
エ　たとえをうまく使《つか》った、美《うつく》しい詩だ。

（　　）

詩《し》を読む (2)

答えは77ページ

1 次《つぎ》の詩《し》を読んで、あとの問《と》いに答えなさい。

はっぱ　　池田もと子

もういいよ　と
はるかぜさんが　いったから
はっぱのあかちゃん
ねむねむおかおで　でてきたよ

でてきたね　と
はるのあめが　ふったから
はっぱのぼうやは
きみどりいろに　はやがわり

きれいだね　と
おひさまが　ほめたから
はっぱは　みんな
みどりいろになりました

(1) この詩では、「はっぱ」のよび名と様子《ようす》がかわっていきます。次の（　）にあてはまる言葉《ことば》を、詩の中からぬき出して書きなさい。

① よび名
・（　　　　）
↓
・（　　　　）
↓
・はっぱ

② 様子
・ねむねむおかおで
↓
・（　　　　）に
↓
・（　　　　）に

(2) 次の文は、この詩のよいところを三つにまとめたものです。（　）にあてはまる言葉を書きなさい。

㋐ 全部《ぜんぶ》が（　）で書かれていて、とてもやわらかい感《かん》じが出ている。
㋑ 同じような言い方の（　）によって、リズムが生まれている。
㋒ 自然《しぜん》のなかで、（　）の成長《せいちょう》するすがたが目に見えるようにえがかれている。

㋐（　　　　）　㋑（　　　　）　㋒（　　　　）

2 次の詩を読んで、あとの問いに答えなさい。

あいたくて

工藤直子《くどうなおこ》

だれかに　あいたくて
なにかに　あいたくて
生まれてきた――
そんな気がするのだけれど

それが　だれなのか　なになのか
あえるのは　いつなのか――
おつかいの　とちゅうで
迷《まよ》ってしまった子どもみたい
とほうに　くれている

それでも　手のなかに
みえないことづけを
にぎりしめているような気がするから
それを手わたさなくちゃ
だから

あいたくて

(1) この詩は四つの連《れん》からなっていますが、それぞれの連をつなぐ言葉が三つあります。連のはじめ、あるいは終《お》わりからそれぞれ四字以内《いない》でじゅんにぬき出しなさい。

□□□□・□□□□・□□□□

(2) 第《だい》二連に、たとえを使《つか》った表現《ひょうげん》があります。さがして、二行でぬき出しなさい。

（　　　　　　　　）

ヒント 詩の中から、たとえを表《あらわ》す言葉がないかさがします。

(3)「あえるのは　いつなのか――」の「――」に言葉をおぎなうとしたら、どんな言葉がよいですか。自分で考えて、五字ていどで書きなさい。

□□□□□

(4)「あいたくて」がくり返《かえ》されていますが、その理由《りゆう》がわかる連があります。その連を、漢数字《かんすうじ》で答えなさい。

第（　）連

月　日

時間 20分【はやい15分・おそい25分】
合格 80点
得点　点

↓答えは78ページ

1 次《つぎ》の詩《し》を読んで、あとの問《と》いに答えなさい。

難破船《なんぱせん》

土田明子《つちだあきこ》

こいで
こいで
ブランコで
会社から帰る　母さんを
待《ま》っていると
ポッ　と
街灯《がいとう》が青白くともった
遊園地《ゆうえんち》は
*難破船だ

(1) この詩は、いくつの連《れん》からなっていますか。漢数字《かんすうじ》で答えなさい。(10点)

（　　）連

(2) この詩は、一日のうちのいつごろの様子《ようす》をえがいていますか。次からえらび、記号《きごう》で答えなさい。(10点)

ア 朝　イ 昼　ウ 夕方　エ 夜

（　　）

(3) この詩の「ぼく」は、今どこにいるのですか。三字で書きなさい。(10点)

(4) 「落葉の波がさわぐ」とありますが、これはどんな様子をたとえたものですか。次の（　）㋐～㋒にあてはまる言葉《ことば》を書きなさい。(8点×3—24点)

すべり台は　折《お》れたマスト*
落葉《おちば》の波《なみ》がさわぐと
むかいの家の
おしめの旗《はた》はとりこまれた

がんばっているのは
ぼくだけだ

*難破船＝あらしなどのために、こわれた船。
*マスト＝船のほばしら。

強い（㋐）が、公園にふりつもっている（㋑）が、（㋒）のように、いっせいにふき上げられる様子。

㋐（　　）　㋑（　　）　㋒（　　）

(5)「遊園地は／難破船だ」というのは、たとえの表現《ひょうげん》ですが、「難破船」の様子がよく表《あらわ》されているところを三つさがし、いずれも一行でぬき出しなさい。（10点×3―30点）

（　　）
（　　）
（　　）

(6)「がんばっているのは／ぼくだけだ」というところから、「ぼく」のどんな気持《きも》ちが感《かん》じられますか。次からえらび、記号で答えなさい。（16点）

ア　暗《くら》くなってこわいけど、がんばっているよ。
イ　さびしくても、しんぼうしてがんばっているよ。
ウ　苦《くる》しくても勝《か》つために、がんばっているよ。

（　　）

進級テスト

月　日

時間 30分（はやい25分　おそい35分）　合格 80点

得点　点

1 次《つぎ》の文章《ぶんしょう》を読んで、あとの問《と》いに答えなさい。

ツバメはむかし、がけなどのかべに巣《す》をつくっていたといわれています。そのため、歩くことのすくなくなったツバメの足は①退化《たいか》し、現在《げんざい》では、物《もの》にとまるぐらいの役《やく》めしかしません。［ア］、空中で虫をおいかける生活をつづけた②ツバメのからだやつばさは、大空を自由《じゆう》にとべるように発達《はったつ》しました。

からだより長くてじょうぶなつばさは、長距離飛行《ちょうきょりひこう》にたえ、長くのび、広くひろがるえん尾《び》は、急回転《きゅうかいてん》、急降下《きゅうこうか》などを容易《ようい》にします。［イ］、流線型《りゅうせんけい》のからだは、空中を矢《や》のようにとびまわることができます。

ツバメの飛行速度《ひこうそくど》は、ふつう時速《じそく》五十キロくらいですが、最高《さいこう》二百キロもだせます。また、つばさのひとふり、からだのひとひねりで、しゅんじにからだをあやつり、停止飛行《ていしひこう》もやってのけます。

③ツバメのひなは、うまれてから巣立《すだ》つまで三週間

↓答えは78ページ

(1) 文中の［　］ア・イにあてはまるつなぎ言葉《ことば》を次からえらび、記号《きごう》で答えなさい。（8点×2―16点）

ア だから　イ そのうえ　ウ しかし　エ すると

ア（　　）　イ（　　）

(2) ―①「退化」の対義語《たいぎご》を次からえらび、記号で答えなさい。（8点）

ア 進歩《しんぽ》　イ 強化《きょうか》　ウ 進化《しんか》　エ 深化《しんか》

（　　）

(3) ―②「ツバメのからだやつばさは……発達しました」とありますが、そのことをもっとくわしく説明《せつめい》している段落《だんらく》を二つさがし、それぞれの段落のはじめの六字をぬき出しなさい。（6点×2―12点）

もかかります。これはメジロの十日前後、ヒバリの約《やく》一週間とくらべて、また同じぐらいの大きさの鳥たちとくらべても異例《いれい》なのです。それは、巣立つとすぐにとばなければならないツバメにとって、じゅうぶんな体力をつける必要《ひつよう》があるからです。

④空中をとびながら、くちばしで虫をとらえる親ツバメは、電線の上でえさをまつひなにも、地上のひなにも、けっしておりたたずに、とびながらえさをあたえます。ときには、まちきれないひながとびたち、空中でえさをうけとることもあります。

ツバメが地上におりるときは、巣づくりの材料《ざいりょう》をひろうときと、やすむときぐらいで、歩いても数メートルで、すぐとびたちます。

水あびや水のみも、ほとんどの鳥は地上におりたってしますが、ツバメは水面《すいめん》すれすれにかすめとび、しゅんじに水あびをしたり、水をのんだりします。ツバメは、ウ生活者《せいかつしゃ》なのです。

（菅原光二《すがわらこうじ》「ツバメのくらし」〈あかね書房刊〉）

(4) ――③「ツバメのひなは……三週間もかかります」とありますが、なぜ、そんなに長くかかるのですか。文中の言葉を使《つか》って、五十字以内《いない》で書きなさい。（12点）

(5) ――④「空中をとびながら」とあるように、ツバメは、空中でほとんどのことをしますが、地上におりるのはどんなときですか。文中から二十字でぬき出しなさい。（8点）

(6) この文章全体《ぜんたい》から考えて、文中のウには、どんな言葉が入ると考えられますか。あてはまる二字の言葉を文中からさがして、書きなさい。（8点）

2 次の詩《し》を読んで、あとの問《と》いに答えなさい。

浜《はま》の石

金子みすゞ（ず）

浜辺《はまべ》の石は玉のよう、
みんなまるくてすべっこい。

浜辺の石は飛《と》び魚か、
投《な》げればさっと波《なみ》を切る。

浜辺の石はうたうたい、
波といちにちうたってる。

ひとつびとつの浜の石、
みんなかわいい石だけど、

浜辺の石はえらい石、
みんなして海をかかえてる。

(1) この詩には、たとえを使った表現《ひょうげん》があります。二つさがして、それぞれ四字でぬき出しなさい。（8点×2—16点）

□□□□・□□□□

(2)「浜辺の石はうたうたい、／波といちにちうたってる」も、たとえの表現の一つですが、どんな様子《ようす》を表《あらわ》していますか。次からえらび、記号で答えなさい。（8点）

ア 子どもが海に向《む》かい歌っている様子。
イ 風がふいて、波が浜辺の石を強く打《う》つ様子。
ウ 浜辺の石によせては返《かえ》す波音《なみおと》の様子。

（　　）

(3) 次の文は、この詩についての感想《かんそう》です。（　　）あ・いにあてはまる言葉を書きなさい。（6点×2—12点）

小さい浜の（ あ ）が大きい（ い ）をかかえていると、二つを一体のものとみているところが、おもしろい。

あ（　　）
い（　　）

●1日 2・3ページ

1 (1)エ

(2)まるで、空〜いたように

(3)②イ ③ア

(4)ウ

考え方

1 (1)「あがる」には、多くの意味があります。文の中でどの意味で使われているかを考えます。ここでは、すぐ前の「天気がどんどんかいふくして」から、「やむ」という意味で使われていることがわかります。少しあとに、ちょうど反対《はんたい》の意味になる「雨がふって」という言葉があることにも気づきましょう。

(2)「まるで…ように」「…ような」などの言葉は、たとえを表《あらわ》します。「まるで、空に、レースのカーテンでもひいたように、さあっと、雨がふりはじめた」などと表すことで、様子《ようす》がよくわかる文になります。それで、物語《ものがたり》や詩《し》などでよく使われます。この文章のさいごのほうにも、「水にとけるように」というたとえがあります。

(3)言葉の意味は、前後の文をよく読んで、とらえるようにします。

(4)この文章より前のほうで、ふしぎなお客さんがつぼみさんに、「満月の水をつかうと、どんな料理にもあいます」というような話をしています。この文章では、そのことがはっきり書かれていませんが、「たったこれだけじゃ、味見も、まんぞくにできそうにないけど……よかった。」という、つぼみさんの言葉などから考えます。

●2日 4・5ページ

1 (1)Ⓐさおり Ⓘ白い消しゴム

(2)白い消しゴム

(3)㋐イ ㋑ア ㋒ウ

(4)信じられない

(5)(れい)自分のものではない、白い消しゴムをもらったほうがいいのかどうかということ。

(6)その・どう・これ・それ・そう

考え方

1 (1)「この・その・あの・どの」などの「こそあど言葉」は、文章の中で同じ言葉や内容《ないよう》をくり返《かえ》す代《か》わりに使われます。だから、まず前の言葉や文に注意して、指す内容をとらえるようにします。ここでは、すぐ前の文の内容を指しています。長い文なので、その中のどの部分《ぶぶん》を指しているかを考えます。

(2)前のほうの文の「つぎに白い消しゴムをゆびさした。」というヤモリの動作から考えます。

(3)㋐さおりは、「聞き手」であるヤモリのかかえている消しゴムを指して言っているので、「それ」が入ります。㋒も「それぞれ」が入ります。㋑ヤモリが自分のかかえている消しゴムを指して言っているので、「これ」が入ります。

(4)すぐ前の文に着目《ちゃくもく》します。

(6)「こそあど言葉」にはどんなものがあるか、整理《せいり》しておぼえましょう。

チェックポイント 「こそあど言葉」の使い分け

指す内容によって次のように使い分けます。

	話し手に近い	聞き手に近い	どちらにも遠い	はっきりしない
指定《してい》する	この	その	あの	どの
物《もの》	これ	それ	あれ	どれ
場所《ばしょ》	ここ	そこ	あそこ	どこ
方向《ほうこう》	こちら	そちら	あちら	どちら
状態《じょうたい》	こんな	そんな	あんな	どんな
様子	こう	そう	ああ	どう

● 3日 6・7ページ

1 (1)エ
(2)(れい)植物は、地面に植わっている生物だから、動きまわることができないこと。(三十四字)
(3)㋐ウ　㋑ア
(4)「移動運動」ができるのが、動物の重要なとくちょうだということ。
(5)イ

考え方

1 (1)「こそあど言葉」は、ふつう「こそあど言葉」の前にある事がらを指します。だから、まず前の言葉や文に注意して、指す内容をとらえるようにします。ここは正しい答えをえらぶ問題なので、答えの見当がついたら、「これ」の代《か》わりに入れてみて、意味《いみ》が通じるかどうか、たしかめてみましょう。
(2)これも「こそあど言葉」の問題です。「それ」は、すぐ前の文の内容を指しています。「それ」の代わりに入れて、意味が通じるように文を少し直します。
(3)㋐前の「泳ぎ、はい、歩き、走る」という言葉を、すぐあとで一つにまとめて「移動運動」と言い直していることに注意します。㋑前の文とあとの文が、反対《はんたい》の内容になっていることに着目《ちゃくもく》します。
(5)イソギンチャクも「……少しずつ移動します」、ヒトデも「……ゆっくり移動するのです」とあります。

● 4日 8・9ページ

1 (1)①ウ　②イ
(2)ウ
(3)イ
(4)やおやさん(やおや)
(5)すると、ふ

考え方

1 (1)つなぎ言葉の問題《もんだい》です。①前の文とあとの文のつながり方を考えて、あてはまる言葉を入れます。②ア〜エは、それぞれのつなぎ言葉のはたらきを説明しています。①と②の答えが合うようにします。
(2)「それに」「そのうえ」は、どちらも前の事がらにあとの事がらをつけくわえるはたらきをします。ここでは、やさいが「しんせん」で、それに、おじさんの「話がじょうず」で、そのうえ、「まけっぷりもいい」というように、つけくわえています。
(3)これもつなぎ言葉の問題です。前の文((2)の内容)が理由で、その結果《けっか》、「やさいは八百政さんときめているの」という、つながり方になっていることをつかみます。
(4)はじめの父のよびこみや、三田くんのおかあさんの言葉などから考えます。
(5)ふき子は、自分の父のことで、ちょっと「ゆううつなきもち」になっていましたが、同じクラスの三田くんやそのおかあさんが父のことをほめるのを聞いて、明るい気持ちになっていきます。「すると……しだいにはれていき」という文に着目《ちゃくもく》します。

チェックポイント　**「つなぎ言葉」のしゅるい**

つなぎ言葉には、次のようなものがあります。
①前の事がらが原因《げんいん》や理由になるもの
だから・それで・すると
②前と反対の事がらがあとにくるもの
しかし・けれども・ところが・だが
③前の事がらにならべたり、つけくわえたりするもの
また・そして・なお・しかも・そのうえ
④前の事がらとくらべたり、どちらかをえらんだりするもの
または・あるいは・それとも
⑤前の事がらについての説明やおぎないをのべるもの
つまり・なぜなら・ただし
⑥前の事がらから話題《わだい》をかえるもの
さて・ところで・では

答え

● 5日 10・11ページ

1 (1)㋐イ　㋑オ

(2)ア・ウ・オ

(3)葉のうらや茎、花のかげで、じっとまちぶせてねらう。

(4)草の茎や葉の形

(5)㋐はね・おどかす　㋑とげ・反げき

考え方

1 (1)つなぎ言葉の問題《もんだい》です。前の文とあとの文とのつながり方を考えます。㋐「カマキリは、……緑色とかっ色の世界にすんでいます。」という前の文を受《う》けて、あとの文は「(だから、)からだの色も緑色かかっ色……です。」とつながります。前の文が原因《げんいん》・理由《りゆう》をのべ、あとの文がその結果《けっか》をのべているので、「だから」があてはまります。㋑前の段落《だんらく》で、カマキリのからだはまわりとにた「緑色かかっ色、または両方がまじった色です。」とのべて、あとの段落では「(そのうえ、)ほそ長いからだは、草の茎や葉の形にもよくにています。」とつけくわえています。だから、前の事がらにあとの事がらをつけくわえるはたらきをする「そのうえ」があてはまります。

(2)まず、カマキリが、どんなところにすんでいるかを、思いうかべます。そして、緑色の多いところと、かっ色の多いところはどこかを考えて、えらびます。ふつう草の葉や茎は緑色をしており、土や木の幹はかっ色です。

(4)カマキリのすむ「まわりの色や形」について、「色」のほうは第《だい》一段落に、「形」のほうは第二段落に書かれています。

(5)「カマキリのおどかしと反げき」という見出しの文章の、二つめの段落に「みつかったら虫はどうするでしょうか。」という問いかけの文があります。その答えが書いてある、あとの三つの文をよく読んで、あてはまる言葉を入れます。

チェックポイント　段落の内容《ないよう》

文章の中にいくつかある、小さな内容のまとまりを段落といいます。ふつう段落のはじめは一字下げて書いてあります。一つ一つの段落の大事《だいじ》な点をとらえることで、文章全体《ぜんたい》の内容をとらえやすくなります。

● 6日 12・13ページ

1 (1)㋐オ　㋑イ

(2)巣穴の入り口から七メートルくらい

(3)ウ

(4)おとうさんギツネが自分のおとうさんギツネやおかあさんギツネから教わったこと

(5)その・そう・この

(6)危険から身をまもること

考え方

1 (1)つなぎ言葉の問題《もんだい》です。前の文とあとの文のつながり方を考えます。㋐は、前の文では「……だまって見ている」となっているのに対《たい》して、あとの文では「……走ってきて首すじをパクッとかみ」となっていることに注目《ちゅうもく》します。㋑は、前の「……地面におしつける」という行動《こうどう》に引きつづいて、「……つれもどす」となっていることから考えます。

(2)〜(4)いずれも「こそあど言葉」の問題です。指ししめす内容を、前の文の中からさがす問いと、選択肢《せんたくし》の中からえらぶ問いです。答えがわかったら、「こそあど言葉」の代《か》わりに入れてみて、意味《いみ》が通じるかどうかをたしかめます。

(5)65ページの「こそあど言葉」の表《ひょう》を参考《さんこう》にして、どんな言葉があるかをたしかめましょう。

(6)はじめと終《お》わりの段落に、「危険から身をまもること」という言葉が二回出てくることに気づきましょう。

● 7日 14・15ページ

1 (1)その日も、

(2)音楽をきいているようでした
人間の子どものような

(3)はらはらと

(4)しゅるいの

(5)イ

考え方

1 (1)登場人物《とうじょうじんぶつ》・場所《ばしょ》・時間がかわっていくところに注意して、場面のうつりかわりをとらえます。ここでは、三つめの段落《だんらく》のはじめの「その日も」に注目します。こういう書き出しで、このあとにじけんや大きなできごとがつづいていくことが多いものです。(なお、この物《もの》語《がたり》では、この場面のあとに春夫と子ザルが野《や》犬《けん》におそわれる場面が出てきます。)

(2)「ようです」「ような」などは、たとえを表す言葉です。「音楽をきいているようでした」「人間の子どものような」というたとえで、様子がよくわかるようになっています。物語や詩《し》ではよく使《つか》われるので、気をつけましょう。また、(3)の「ごろりと」「ぽかぽかと」「はらはらと」などの言葉をふくめて、この文章には、美《うつく》しい表現が多く出てきます。

(4)すぐ前の段落に注目します。「いろいろの小鳥の声が……音楽をきいているようでした」とあります。

(5)「その日も、春夫と子ザルは……」の文のところから、場面がうつりかわっています。その前は、春夫と子ザルがいつものようにあそぶ場面で、このあとからが中心の場面になります。だから、アはてきとうでなく、ウも「きびしい自然」というところがまちがいです。

チェックポイント　場面をつかむ

物語文では、場面の様子をそうぞうしながら読むことが大切です。そのためには、いつ(時)、どこで(場所)、だれが(人物)、どうしたかに気をつけて読むようにします。また、時・場所・登場人物がかわるようなところで、場面が大きくうつりかわることが多いことにも注意します。

● 8日 16・17ページ

1 (1)では、いつ・では、太陽

(2)(はじめの話題)地上

(次の話題)空

(3)(二字)太陽

(一字ずつ)星(や)月

(4)わたしたちの地球から遠くはなれた宇宙にある

(5)イ

考え方

1 (1)「では」は、話題をかえるきっかけをしめすときに使うつなぎ言葉です。ここでは、「では、いつもの地上からはなれて、昼間の空を……」と、「では、太陽はどうでしょう」のところで、話題が大きくかわっています。

(2)・(3)話題は、じゅんに次のようにうつっています。「地上」→「空」→「太陽」・「星や月」です。

(5)さいごの段落の「では、星や月はどこにあるのでしょうか? 太陽と同じように、宇宙にある天体です。」という文に着目します。アは「関心をもつべきである」とまでは言っていないこと、ウは「太陽は、宇宙の中心である」とは言っていないことから、どちらもまちがいです。

チェックポイント　話題のとらえ方

文章のはじめのほうで、「どうして……でしょうか」というような問いかけで、読《どく》者《しゃ》にこれから説明しようとする話題をしめすことが多いです。また、文章のとちゅうで「では」「ところで」などの言葉を使って、別《べつ》の話題にうつることが多いことにも注意します。

● 9日 18・19ページ

1 (1)(れい)太陽がしずむころから朝になって太陽がのぼるころまで。(二十六字)

(2)えさの草を食べている。

(3)(あ)ウ　(い)イ

(4)㋐うすい　㋑水分　㋒重い　㋓かるく

(5)(れい)カバの目や耳、鼻は顔の上のほうにあるため、水の中にいても、目や、耳、鼻のあなだけを水面からだすことができるから。

答え

考え方

1 (1)答えは「れい」としてしめしています。ただし、本文中にある「太陽がしずむころ」「太陽がのぼる」という言葉は大事《だいじ》なので、落《お》とさずに入れます。

(3)段落と段落のつながりをよく考えます。カバが昼間は水の中にいる理由が、「カバの皮ふは」ではじまる三つめの段落と、［あ］、「カバは、体重が」ではじまる四つめの段落で説明《せつめい》されています。だから、［あ］には前の事《こと》がらとならべるはたらきをする言葉が入ります。［い］には、前の事がらがあとの事がらの原因《げんいん》・理由となることをしめすはたらきをする言葉が入ります。

(4)三つめと四つめの段落から答えをさがします。その中で㋒は、本文が「カバは、体重が二千五百キロから四千キログラムもあるので」となっていることから、「とても重い」と言いかえるようにします。

(5)すぐ前の段落に理由が説明されています。その中の二つの文をつないで、答えを作ります。

チェックポイント 理由をのべる言い方

次のところに気をつけます。

・「なぜ…でしょうか」という問いかけのあとや、「理由は…」と書かれているあと。
・「…ので」「…から」の前。
・文末《ぶんまつ》が「…からです」「…のです」という文。

● 10日 20・21ページ

1 (1)(れい)海の水がこおるとき、氷は塩分をすこしずつ海の中へおしだすから。

(2)㋐塩分　㋑重く　㋒海の底　㋓海面

(3)生きもののしがいなどが分解されてできた養分

(4)①植物プランクトン
②動物プランクトン
③ちいさな魚

(5)イ

考え方

1 (1)同じ段落のあとのほうの二つの文に着目《ちゃくもく》して、問いに合うように答えを作ります。

(2)問いかけ文の中の「こんなふうに」は、前のほうの文に書かれている事がらを指しています。長い文がつづいていますが、大事な言葉に気をつけて、あてはまる言葉を書きこみます。

(4)「植物プランクトン」をえさにして「動物プランクトン」がたべ、その動物プランクトンをえさにして「ちいさな魚」があつまり、それらをえさにして「ペンギンやアザラシなどの動物」が生きているということになります。その関係《かんけい》は「鎖《くさり》」のようにつながっているので、「食物連鎖《しょくもつれんさ》」と言われます。

(5)はじめの段落の「海にうかぶ巨大な氷。塩分や養分がたっぷりとけた海の水がこおってできました。」にまず注目します。そして、「氷は塩分をすこしずつ海の中へ」おしだす→「深い海の水と浅い海の水は」交換される→「氷の下の海の生きもの」がふえる、というながれをおさえて、「海の氷のはたらき」が中心になっていることをつかみましょう。

● 11日 22・23ページ

1 (1)ウ

(2)①なおみちゃん　②舞

(3)(そうだ、なおみちゃんにたのまなくちゃ。まだなんにもいってないんだ)

(4)(れい)ママが、わたしのおねしょのことをいったことを、だれにもいわないでほしいということ。

(5)(れい)ママが、わたしのことパッとしないといったことを、だれにもいわないでほしいということ。

(6)なおみちゃんが下をむく。声がすこし小さくなった。

(7)舞は、大きな声をだした。

考え方

1 (1)はじめのほうに「空も赤から赤むらさきの色になっていた。」とあります。これは、夕やけ空の様子《ようす》を表しているので、時こくは夕方だということがわかります。

(2)会話文の前後の地の文にも気をつけて、だれが話しかけ、それに対《たい》してだれが答えたかを、じゅんにしっかりとつかみます。

(3)この文章では、登場人物がじっさいに話した言葉には、「　」(かぎ)をつけて表しています。心の中で思ったことやつぶやきは(　)をつけて表していることに気づきましょう。

(6)言いにくいことを人にたのむとき、どんな動作や身《み》ぶりをするかを考えてみます。

(7)舞となおみちゃんは、なやんでいたことをおたがいに話し合って、気分もすっきりしたと思われます。そんな様子が、『いわないよ』舞は、大きな声をだした。」から読み取れます。

チェックポイント　人物の気持ちの読み取り

物語を読むとき、登場人物の気持ちや、そのうつりかわりに注意して読むことが大切です。そのためには、人物の気持ちをちょくせつ表す言葉や会話に気をつけます。そして、人物の表情《ひょうじょう》やしぐさ、行動《こうどう》をえがいているところから、その人物の気持ちの動《うご》きをとらえていくようにします。

● 12日　24・25ページ

1 (1)㋐小さく　㋑やわらかい　㋒口もと

(2)ウ

(3)かたをこわばらせて、ようすをうかがっている

(4)やった!

(5)でもね、どんなチャンピオンネコとだって、ぜったい、取りかえてあげないよ。

考え方

1 (1)二つめと三つめの段落《だんらく》をていねいに読みます。「ぼく」が、子ネコのタマにやさしく、にぼしを食べさせていることに注目《ちゅうもく》します。

(2)前の文に「皿のにぼしには口をつけないで、ぼくの指を小さな舌でていねいになめた。」とあります。タマは、「ぼく」がやさしく食べさせてくれたことがうれしかったのでしょう。だから、「おいしかったよ。ありがとう。」というような言葉がてきとうです。「にぼしには口をつけないで」とあるので、アとエはまちがいですし、イ「ねむくなったよ。」のようなことは書かれていません。

(3)「かたをこわばらせて、……」という表現《ひょうげん》に着目《ちゃくもく》します。これは、きんちょうなどで「かたがかたくなる」様子を表します。

(5)さいごの段落に着目します。「ぼく」は、タマのことをかけがえのない家族《かぞく》のように思っていることがわかります。

チェックポイント　会話文と地《じ》の文

文章の中で、かぎ(「」)でしめしている言葉を会話文といい、他《ほか》のところを地の文といいます。会話文には、人物の考えや気持ちがそのまま表れています。また、かっこ(　)でしめしている言葉には、人物が心の中で思ったことやつぶやきなどが表されていることが多いものです。

● 13日　26・27ページ

1 (1)みずきちゃんが、うふっと笑う。もも子も笑った。

(2)みずきちゃ～でもない。

(3)ひとの悪口やうわさ

(4)(れい)もも子が、ひとの悪口やうわさばっかりする話は、おもしろくないと、えり子ちゃんたちに言ってしまったから。

(5)広いさばく～ちがした。

(6)ウ

考え方

1 (1)もも子とみずきちゃんが、おたがいの顔を見ながら、楽しそうに笑う様子がえがかれているところをさがします。

(2)登場人物のせいかくは、文章にそのまま書かれている場合もあるし、行動や会話などをとおしてえがかれている場合もあります。ここでは、「みずきちゃんは、ひとの悪口言わないし…いじわるでもない」と、ちょくせつ書かれています。

(5)「…みたいな」「…ような」というたとえの言葉に注目《ちゅうもく》します。

(6)もも子のせいかくとしては、「おしゃべりはあんまり得意じゃないし……」と書かれていることや、みずきちゃんとのやりとりや、えり子ちゃんのグループとの関係《かんけい》などから考えて、あてはまるものをえらびます。

● 14日 28・29ページ

1 (1)ウ

(2)黒いあみ目～いおなか。

(3)まるで、新

(4)(れい)②「わあ！」チョウになっていたよ。

③生まれたばかりのチョウは、きれいだなあ。

(5)世界にひとつしかない、たいせつな命だね。

考え方

1 (1)あとの文章を読んでいくと、どんな場面《ばめん》かがはっきりしてきます。

(2)生まれたばかりのアゲハチョウの、羽の色ともよう、目、足、おなかなどを細かく見て表しているところをさがします。はじめのところは、「かれたミカンのえだに、アゲハチョウがとまっていた。」の文からとするよりも、次の「黒いあみ目もようの羽を……」の文からとします。

(3)「まるで…みたい」というたとえの言い方があることに気づきましょう。

(4)「ちょうどよかった。……」というおばあちゃんの言葉のあと、「わたしと石原さんは、顔を見合わせた。しずかに、そうっと部屋に入る。」とあります。ここは、さなぎがかえったかもしれないという二人の期待感《きたいかん》が表れているところです。そして、チョウをはじめて見たときの「……わあ！」というおどろきとうれしさ、さらに、生まれたばかりのチョウを「きれい……。」としか言えないような深《ふか》い感動《かんどう》へとかわってきています。答えは一例《いちれい》ですので、内容《ないよう》が合っていれば、正解《せいかい》とします。

(5)この文章のあとのほうの「とうとう、チョウになれたね、みかん。」からは、「わたし」のつぶやきになっています。そのさいごの文に注目します。

● 15日 30・31ページ

1 (1)(れい)二ひきの子グマが、クヌギの木にかけのぼってにげたこと。

(2)㋐おかあさんグマ　㋑狩人　㋒子グマ

(3)その木の下(木の下に、)～てました。狩人のいる～りました。

(4)(あ)エ　(い)イ

(5)ウ

考え方

1 (1)「そんなこと」は、前の文の内容《ないよう》を指《さ》しています。答えは「そばのクヌギの木にかけのぼったこと。」でも正解《せいかい》です。

(2)それぞれの声の、あとの文に着目《ちゃくもく》します。㋐「ウワアア」は、あとの段落《だんらく》に「……きずだらけになった大グマが」とあり、さらにあとの段落では「おかあさんグマは」と言いかえていることに気づきましょう。㋑「ワアアア」は、すぐあとに「ふたりは悲鳴をあげて」、㋒「クーン、クンクン」も、すぐあとに「クヌギの木からおりた子グマが」とあることから考えます。

(3)おかあさんグマは、命がけで子グマを守ろうとしています。この場面では、狩人にとびかかろうとしたり、二度《にど》にわたってもうれつな声でほえたてたりしていることを読み取ります。

(4)(あ)は、おかあさんグマの動作《どうさ》としてふさわしいものをえらびます。あとに「なめて」とあることに気をつけます。(い)は、おかあさんグマが命がけで子グマを守るためにたたかってきたことに注意《ちゅうい》します。

(5)この物語の主題をとらえる問題《もんだい》です。おかあさんグマの行動や様子《ようす》から考えます。

チェックポイント　物語の主題

主題というのは、作者《さくしゃ》がその作品《さくひん》でうったえようとしている中心的《てき》な考えのことです。

どんなところに感動《かんどう》したかをはっきりさせていくと、主題にせまれます。

● 16日 32・33ページ

1 (1)声がきこえ
(2)ゴットン・パタパタ
(3)ガラスのおはじき
(4)(れい)㋐子(子ども)　㋑さびしく
㋒はげまそう
(5)ウ

考え方

1 (1)ここで場面がかわると、はっきりしめされているわけではありませんが、登場人物《とうじょうじんぶつ》・場所・時間がかわるところに注意して、考えます。「声がきこえなくなって、きゅうにひえた夜の風がふきこんできた。」という文のあとから、場所は汽車の中にかわっていって、登場人物も先生と子どもたちだけにかわっています。また、「ひえた夜の風」からは時間がすぎ、夜がふけたことが感《かん》じられます。

(2)物音や動物《どうぶつ》の鳴き声などは、かたかなで書かれることが多いことに注目して、さがします。

(4)おじさんやおばさんは、自分の子どもや知り合いの子どもに会うために駅のホームに来ています。でも、どの子にでも「がんばるのよ」とはげましたくなっています。㋑は「かなしく」、㋒は「力づけたい」などでも、正解《せいかい》とします。

(5)アの「戦争へのいかり」も作者の心にあるものと思われますが、ここでは、子どもたちをはげまそうとする大人の思いやりや、大切な「おはじき」を年下の子に分けてあげる女の子のやさしさが心を打《う》つので、ウが正解となります。

● 17日 34・35ページ

1 (1)鳥にみつからないようにすること
(2)まわりにとけこむ
りんかくをぼかす
かくれが(巣)をつくる
(3)㋐まわりにとけこむ
㋑鳥がねむりこんだ夜に活動する。
㋒ガ
㋓オニヤンマ
㋔かくれがをつくってその中にかくれる。

考え方

1 (1)すぐあとの段落《だんらく》のはじめに、「その方法の多くは、鳥にみつからないようにすることです。」とあることに気づきましょう。このあと、「鳥にみつからないための方法」が具体的《ぐたいてき》に説明されています。

(2)この文章には、「まわりにとけこむ」「りんかくをぼかす」「かくれが(巣)をつくる」という三つの小見出しがつけてあって、そのあとに、説明の文章があります。この小見出しが、それぞれの文章の内容《ないよう》を短く、わかりやすくまとめていることに気づきましょう。

(3)「鳥にみつからないための方法」のくわしい説明のあとに、それぞれを代表《だいひょう》する虫の名前があげられていることに着目《ちゃくもく》します。

チェックポイント　図や表にまとめる

文章や図・写真《しゃしん》にいろいろなことが書かれているときは、それぞれがどんなことについて説明しているかを、整理《せいり》していくことが大事です。そのためには、書いてあることの関係《かんけい》を考えながら、図や表にまとめるとよいでしょう。

● 18日 36・37ページ

1 (1)㋐(おはしでつまんでみると)つまみにくい。
㋑(手でつまんでみると)さらさらして、手につかない。
㋒(おにぎりをにぎってみたら)くずれてしまう。
(2)㋐おはしではつまみにくいし、指にもつかないから。
㋑くっつきやすいから。
㋒おはしで食べる。

㋓おさら
㋔ちゃわん
(3)お米がちが～んだろう。

考え方

1 (1)次の段落《だんらく》に、日本のごはんとインドのごはんのちがいが説明《せつめい》されています。インドのごはんはどのようなのかを読み取って、答えを書きます。なお、答えにしめしているように、(おはしでつまんでみると)などの言葉を入れると、くわしい答えになりますが、なくても正解《せいかい》です。

(2)この段落と次の段落に、インドと日本のごはんの食べ方のちがいが説明されています。「手で食べる」「おはしで食べる」といったちがいを、その理由とともに読み取り、「おさら」や「ちゃわん」などの食器のちがいにも気をつけます。

(3)さいごの段落に注目《ちゅうもく》します。実験してみてわかったこと、そして、この文章で、筆者《ひっしゃ》がもっとも言いたかったことがまとめられています。

チェックポイント　段落の要点《ようてん》

一つ一つの段落の要点をとらえて、文章全体《ぜんたい》の組み立てや内容《ないよう》をつかむようにします。段落の要点をとらえるときは、くり返し出てくる言葉や、大事と思われる言葉や文を見つけるようにします。

● 19日 38・39ページ

1 (1)(段落のはじめ)さて、この
(話題)鳥
(2)子孫
(3)つばさ
(4)(れい)陸の上を歩くよりてきも少なく、おそわれることもへった点。
えさも高い木の上の昆虫や実を食べたり、小動物を空からねらったりもできた点。
(5)ウ

考え方

1 (1)四つめの段落のはじめにある「さて」に注目します。この「さて」は、「ところで」や「では」と同じように、話題をかえて別《べつ》の話題をはじめるときに使います。ここでは、動物たちの祖先の話題から鳥の進化の話題にかわっています。「さて」のあとすぐに「この鳥ですが……」となっていることにも注意します。

(3)二つあとの段落のはじめに「鳥は、前足が変化したつばさで空を……」とあります。

(4)「このように」は、前の文章でのべている事《こと》がらを指《さ》します。だから、そこから鳥にとっての「利点」を二つ読み取って、答えをまとめます。

(5)選択肢《せんたくし》のア・イは、文章に書かれていることとちがうので、まちがいです。

● 20日 40・41ページ

1 (1)①イ　②ウ
(2)この試合勝ったも同然だ
(3)ア
(4)㋐意外だ　㋑同然だ　㋒あぜん

考え方

1 (1)①「かなめ」という言葉には、㋐「おうぎの骨《ほね》のもとをとめてあるくぎ」、㋑「たいせつな部分《ぶぶん》」という二つの意味があります。ここは、「攻守のかなめ」とあるので、とうぜん㋑の意味です。

(2)前の文の「この試合勝ったも同然だ……あきらかに分かった」から考えます。

(4)登場人物《とうじょうじんぶつ》の気持ちをちょくせつ表す言葉に注《ちゅう》目《もく》します。また、「三字」という字数の指定《してい》もヒントになります。

● 21日 42・43ページ

1 (1)(あ)ウ　(い)オ　(う)イ
(2)㋐カヤ　㋑ルミ
(3)おばあさん～ています。
(4)(れい)ルミより先にスイミングスクールに行こうという考え。
(5)A進級テスト　Bおばあさん
C大事(大切)　Dおばあさん
E進級テスト

考え方

1 (1)つなぎ言葉を入れる問題《もんだい》です。前の文とのつながり方を考えましょう。㋐と㋒は、「イ　それから」を入れるのがよいのか、「ウ　そのうえ」を入れるのがよいのか、まようところです。㋐は、前の事《こと》がらにあとの事がらをつけくわえるときに使う言葉（「そのうえ」）がぴったりします。㋒は、あとの事がらをつづけてのべるときに使う言葉（「それから」）が合います。「そのうえ」を入れてみると、おかしな文になることもたしかめましょう。

(2)二人の会話のはじめの言葉を、だれが言ったかに気をつけます。また、会話文のすぐあとの地の文にも気をつけましょう。

(3)「こそあど言葉」の指しめす内容《ないよう》は、ふつう前のほうにあります。ここでは、つらそうなおばあさんの様子《ようす》をえがいている、三つめの段落《だんらく》の内容がそれにあたります。

(5)この文章は、物語《ものがたり》のはじめのほうの一場面です。友だちのルミは、知らない人に親切をする女の子です。そのことに、カヤはとまどい、少しはんぱつもします。しかし、ルミといっしょにいろいろな行動をすることで、カヤにも、人に親切にすることの喜《よろこ》びが感《かん》じられるようになってきます。ここでは、その二人の考え方やしたことのちがいを読み取りましょう。

● 22日　44・45ページ

1 (1)さて、ある夜中でありました。

(2)（れい）母さん鳥に早く会いたくてたまらなかったから。（二十二字）

(3)かさこそ、かさこそ……。

(4)㋐はね　㋑音　㋒お母さん（母さん鳥）

(5)風の音

(6)イ

考え方

1 (1)「さて」は、話題《わだい》をかえようとするときに使う言葉であることに着目《ちゃくもく》します。ここでは、「ある夜中」、はねのすれあうような音を聞いたむく鳥の子が、母さん鳥が帰ってきたと思う場面へとうつっています。

(2)子どもの鳥は、母さん鳥は「もう、いまごろは、山をこえたの」と父さん鳥に聞いています。今すぐに会えることをねがっている子どもの鳥には、「十日」がすぎても会えないというのは「一年」よりもながいように思われたのです。

(5)前のほうの「いやいや、ちがう。風の音だよ」という父さん鳥の言葉に注目します。

(6)母さん鳥が帰ってきたと思ったのに、それは風の音だとわかって、むく鳥の子はがっかりしています。この「がっかり」と近い意味の「つまらなそう」をえらびます。

● 23日　46・47ページ

① (1)㋐イ　㋑オ　㋒ア

(2)ピーッ・ピッピッ・ゼハッゼハッ

(3)（れい）いくら自分がはやく走っても、同じグループのいちばんおそい佐野さんにあわせなければならないから。

(4)イ

(5)ウ

考え方

① (1)・(2)この文章は、体育《たいいく》の時間のグループマラソンの場面をえがいています。そのために、「みるみる」「ちらちら」などの様子や身《み》ぶりなどの感じを表す言葉や、「ピッピッ」「ゼハッゼハッ」などの音や声を表す言葉がこうかてきに使われています。

(3)走るのがはやい安江くんは「トップでとびだし」、「ゆっくり走ろうとしない」とあります。しかし、グループごとにまとまって走らないといけないので、走るのがおそい佐野さんにあわせるために、歩きだしたのです。いやな気持ちになった安江くんは、ついには佐野さんのブルマーをけっとばしてしまいます。

(4)・(5)の問いは、そうしたことになることをたいへん心配《しんぱい》している「あたし」の気持ちを考える問題《もんだい》です。走りながら、「あたし」がたえず佐野さんと安江くんの様子を気にしていることに着目《ちゃくもく》します。

● 24日 48・49ページ

1 (1)ウ
(2)しぶ柿・あま柿
(3)干すというかんたんなやりかた(十四字)
(4)(れい)なれると、手でむくほうが早いし、できあがりの形がきれいだから。
(5)大事なおやつ
(6)①皮　②なわ　③干す

考え方

1 (1)「春、柿の木に小さな白い花が……」ではじまる段落《だんらく》の終わりに「……秋になるころには、きれいな柿色に変わっていきます」とあります。この「柿色」は、秋になって実が色づいたときの色のことです。だから、ウ「秋」が正解《せいかい》になります。
(3)すぐあとの文の「それは」のあとに注目《ちゅうもく》します。
(4)すぐあとの文の終わりが「……からです」と理由《りゆう》をのべる言い方になっていることに着目《ちゃくもく》します。なお、答えを作るとき、「そのほうが早いし」のところを、「手でむくほうが早いし」と直して、指す事《こと》がらをはっきりさせるようにします。
(6)干し柿の作り方を説明している段落に注目します。その中に「まず」「つぎに」というような、じゅんじょを表す言葉があることに気づきましょう。

● 25日 50・51ページ

1 (1)親指を手の〜りません。
(2)エ
(3)㋐ウ　㋑オ
(4)ア
(5)㋐物をつかむこと
㋑物をにぎること
㋒(れい)ヒトは、親指をほかの4本の指と反対側にまわすことができるが、サルのなかまをはじめ、ほかの動物はできないから。

考え方

1 (1)段落《だんらく》のつながり方を考えます。すぐあとの文から実験の内容が書かれていますが、どこまでかをまちがえないようにします。一つめの段落は4本の指だけで本をつかんだ実験で、次の「こんどは」ではじまる、二つめの段落は親指もつかった実験です。だから、この段落の終わりまでが実験の内容を書いていることになります。また、「このように」ではじまる、三つめの段落では実験でたしかめられたことをまとめていることに注意《ちゅうい》します。
(2)何度《なんど》も出てくる言葉に気をつけます。また、三つめの段落に「くるくる動く親指のおかげで」とあるのに着目《ちゃくもく》します。
(3)㋐には、前と反対の事《こと》がらをのべるときに使《つか》う言葉、㋑には、前の事がらをおぎない、説《せつ》明《めい》するときに使う言葉が入ります。
(4)「いうまでもありません」は、「いうまでもない」のていねいな言い方です。その意味は「今さら言わないでもわかっている」ということなので、アの「あたりまえだ」が正解《せいかい》になります。
(5)三つめと四つめの段落の内容をしっかり読み取ります。ヒトは「物をにぎること」ができるが、サルのなかまは「物をつかむこと」しかできないとあります。その理由として、ヒトは「親指をほかの4本の指と反対側に」まわすことができるが、サルのなかまはそれができないと説明しています。

チェックポイント　文章の組み立て

段落と段落のつながりを考えながら、文章全体《ぜんたい》の組み立てをつかむことが大切です。基本的《きほんてき》な組み立ては次のとおりです。

①はじめ…これから説明しようとする事《こと》がらを読者《どくしゃ》にしめしている。
②中…「はじめ」にしめした事がらについて、具体的《ぐたいてき》なれいや事実《じじつ》をあげて、説明している。
③終わり…事がらについてまとめたり、筆《ひっ》者《しゃ》の意見《いけん》や感想《かんそう》がまとめられたりしている。

●26日 52・53ページ

1 (1)しろかきをする。
田に肥料をやる。
田に水をいれる。
（順番《じゅんばん》は入れかわってもよい）

(2)かたまった土を、田に水をいれてたがやし、やわらかくすること

(3)はこの中でそだてたなえを、広い田にうえかえる作業

(4)あ十数人　い手　う人手　え田植え機（機械）　お時間

(5)エ

考え方

1 (1)〜(3)わたしたちが毎日食べているごはん。その米づくりの仕事の様子が説明されています。はじめて知るようなことが多いでしょうが、わかりやすく説明されているので、じゅんに読み取りましょう。(1)は、このあとのほうに田にほどこす「じゅんび」がまとめられています。「…たり、…たり」という言い方に気をつけます。(2)は、すぐあとに「しろかきというのは……」とあることに着目《ちゃくもく》します。(3)は、すぐあとの段落《だんらく》のはじめに「田植えは……作業です。」とあることに着目します。

(5)話題《わだい》の中心になっていることをつかみましょう。ここでは、米づくりの仕事のうちの「田植え」が中心になっています。はじめのまとまりは、見出しにあるように「田植えのじゅんび」で、次のまとまりが田植えの仕事そのものの説明です。だから、見出しとしては「エ田植えのしごと」がふさわしいといえます。ア〜ウもそれぞれ文章に出てきますが、田植えの仕事の中の一面《いちめん》を表すことにしかなりません。

●27日 54・55ページ

1 (1)ウ

(2)食べものがゆたかで、気候もよく、そこらじゅうがかくれがだから。

(3)サルたちは〜をします。

(4)あ前足　い手　う後足　え立つ

考え方

1 (1)この文章で、筆者は説明したいことの中心を問いかけの形でしめしています。「なぜそうなったのでしょう？」がそれにあたります。しかし、このままでは何を問いかけているのか、はっきりしません。「そう」が指している内容《ないよう》を、前の段落から正しく読み取ります。また、その答えにあたることがこのあとの段落でのべられていることにも注意します。

(2)すぐあとの文に着目します。森の中が「くらしやすい」理由を三つの点をあげて説明しているので、落《お》とさないように全部《ぜんぶ》書きましょう。

(3)「リスやネコ」と対比《たいひ》して、「サルたちは、親指をべつに動かして前足や後足で枝をにぎり」とあります。ここがほかの動物とちがうところで、すぐあとの「前足で木の実をとる」こととともに、サルのとくちょうとなっています。

(4)すぐ前の段落に注目します。「前足」が「手」のようなはたらきをすることと、二本の「後足」で「立つ」ことが、二本足で歩けることの前の段階《だんかい》で、人間への進化《しんか》の一歩といえます。

チェックポイント　段落のつながり

説明文では、筆者がこれから説明しようとする事がらを「問い」の形でしめすことが多いです。どの段落にその「問い」が書かれているかをつかみ、それの「答え」にあたる説明がどの段落に書かれているかに注意して読んでいくようにしましょう。

●28日 56・57ページ

1 (1)三(連)

(2)(第)二(連)

(3)どしんと落・木のはだが

2 (1)うまれつきって　あるのかな

(2)(第)一(連)・(第)二(連)

(3)そばや

(4)ウ

考え方

1 (1)詩がいくつかに分かれているときのまとまりを「連」といいます。文章《ぶんしょう》でいえば「段《だん》落《らく》」にあたります。連と連の間は一行あけて書かれていることが多いです。

(2)第二連の「独りになるために……」「ぼくの未来がそこから……」などの表現に注目します。

(3)第三連に「ゆめが……おどかした」、「木のはだが……つけた」とあるように、人間でないものを人間の動作のように表していることに気づきましょう。

2 (1)それぞれの連が、同じ「うまれつきってあるのかな」ではじまっています。

(2)第一連の「どんなに　はやく　かけたって」、第二連の「どんなに　れんしゅう　つんだって」というところに、がんばっている様子がえがかれています。

(3)・(4)この詩は、同じ言葉のくり返しや、それぞれの行が「どんなに　はやく(七音)　かけたって(五音)」、「やっぱり　いつも(七音)　びりだもの(五音)」というように、ほぼ決まった字数になっていることから、とてもリズムのよい詩になっています。また、さいごになって「おいしい　そばやに　なりたいな」と、意外《いがい》な「なりたい」ものが出てきて、楽しい詩になっています。

チェックポイント　詩の連のつながり

一行あきを入れてくぎられた詩の中のまとまりを「連」といいます。この連と連のつながりを考えて、詩全体の内容をとらえるようにします。まんなかの連やさいごの連などに、作者の言いたいことの中心がおかれていることが多いものです。

● 29日　58・59ページ

1 (1)①はっぱのあかちゃん↓はっぱのぼうや
②きみどりいろ↓みどりいろ

(2)㋐ひらがな　㋑くり返し　㋒はっぱ

2 (1)けれど・それでも・だから

(2)おつかいの　とちゅうで
迷ってしまった子どもみたい

(3)(れい)わからない(わからずに)

(4)(第)三(連)

考え方

1 (1)①第一連では「はっぱのあかちゃん」、第二連では「はっぱのぼうや」、第三連では「はっぱ」と、大きくなるにつれて、そのよび名をかえています。②また、その様子も第一連〜第三連で、「ねむねむおかおで」、「きみどりいろに」、「みどりいろに」とかえていることに気づきましょう。

(2)この詩は、ひらがな書きや、同じ言い方のくり返しなどの表現上のくふうで、はっぱの成長するさまを楽しくえがいています。

2 (1)連のはじめや終わりにある「つなぎ言葉」に注目《ちゅうもく》します。第一連の終わりには「けれど」とあって、第二連につながります。そして、第二連を受《う》けて、「それでも」で第三連がはじまります。さらに、第三連の終わりの「だから」を受ける形で、第四連の「あいたくて」という詩の中心になる言葉が出てきます。

(2)「…みたい」という、たとえを表す言葉に注目します。何もわからないで「とほうに　くれている」様子を、「迷ってしまった子ども」の様子にたとえています。

(3)「あえるのは　いつなのか——」のあとの行に、「とほうに　くれている」とあるので、「——」には、「わからない」などの言葉をおぎなえると考えられます。

(4)第三連の「みえないことづけを」「それを手わたさなくちゃ」というところに注目します。

チェックポイント　詩の表現のくふう

詩では、表現のしかたをいろいろとくふうしています。次のようなところに注目しましょう。

・**行分け**…ふつうならつづけて書くところを、印象《いんしょう》を強めるために行をかえる。

・**くり返し**…同じ言葉をくり返して、強調《きょうちょう》し、リズムをつくる。
・**たとえ**…あるものをべつのものにたとえることで、生き生きと印象づける。
・**ぎじん法**…人間ではないものを、人間のことのようにたとえる。

● 30日 60・61ページ

❶ (1)五(連)
(2)ウ
(3)遊園地
(4)㋐風　㋑落葉　㋒波
(5)すべり台は　折れたマスト
落葉の波がさわぐと
おしめの旗はとりこまれた
(6)イ

考え方

❶ (1)この詩でも、連と連の間は一行あきになっています。第三連の「すべり台は　折れたマスト」は一行だけですが、これも一つの連であることに、注意します。
(2)「会社から帰る　母さんを」「街灯が青白くともった」などから、夕方であることがわかります。
(3)「ブランコで」「遊園地は」などから、「ぼく」は今、遊園地で母さんの帰りを待っていることがわかります。
(5)「折れたマスト」「波がさわぐ」「旗はとりこまれた」などの表現から、「難破船」の様子がよく感じられます。第一連の「街灯が青白くともった」も青い海を連想《れんそう》させるので、答えに入っていても正解《せいかい》とします。
(6)さいごの連の「がんばっているのは／ぼくだけだ」のところに、この詩の主題《しゅだい》がこめられています。夕方、会社から帰る母さんを遊園地で一人待っている「ぼく」は、まるで難破船にいるようなさびしさを感じています。でも、そのさびしさに負《ま》けないで、「ぼく」はがんばっている。そう作者《さくしゃ》は言いたいのでしょう。

チェックポイント　たとえの表現

「まるで～」「～ように」などは、たとえを表す言葉です。詩や物語《ものがたり》には、これらの言葉を使ったたとえの表現がよく出てきます。次のようなれいがあります。
・まるで灯《ひ》がついたようだ。
・花びらが雪のようにふる。
また、「まるで～」「～ように」などの言葉を使わずにたとえることもあります。「難破船」の詩では、次のような表現がそれにあたります。
・遊園地は／難破船だ
・すべり台は　折れたマスト

● 進級テスト 62～64ページ

❶ (1)㋐ウ　㋑イ
(2)ウ
(3)からだより長・ツバメの飛行
(4)(れい)ツバメのひなは、巣立つとすぐにとばなければならないので、じゅうぶんな体力をつける必要があるから。(四十八字)
(5)巣づくりの材料をひろうときと、やすむとき
(6)空中
❷ (1)玉のよう・飛び魚か
(2)ウ
(3)㋐石　㋑海

考え方

❶ (1)㋐前後の文で、ツバメの足(→退化)と、からだやつばさ(→発達)とを対照的《たいしょうてき》にのべていることに注意《ちゅうい》します。㋑前の文の「長距離飛行・急回転・急降下」に、あとの文の「空中を矢のようにとびまわること」をつけくわえています。
(2)対義語は、意味が反対《はんたい》、または対《つい》になる言葉です。ここの「退化」よりも、その対義語の「進化」という言葉のほうを、よく見たり聞いたりするでしょう。たとえば「生物《せいぶつ》の進化」などです。「退化」の意味《いみ》は、「体の一部分《ぶぶん》が、使わないためにはたらきがおとろえたり、形がなくなったりすること」です。「進化」の意味は、「長い年月に生物が、かんたんな物

からふくざつになって、進んだじょうたいにかわっていくこと」です。よく出てくる言葉なので、その意味もおぼえておきましょう。

(3)すぐあとの二つの段落に注目《ちゅうもく》します。二つの段落で、「大空を自由にとべる」のを、からだの形と、つばさやからだの動かし方から説明しています。

(4)あとの二つの文の「これは」「それは」が何を指《さ》しているかを考えます。また、「……からです」という理由《りゆう》をのべる言い方にも注目します。

(5)すぐあとの段落に「ツバメが地上におりるときは、巣づくりの材料をひろうときと、やすむときぐらい」とあります。

(6)文章中によく出てくる、大事《だいじ》な言葉を見つけます。また、(5)の答えのようなとき以外は、ツバメがひなにえさをあたえるときも、水あびや水のみをするときも地上におりずに、「空中」でやってしまうとのべていることに注意します。「空中生活者」というのは、このようなツバメの様子をたとえた言葉といえます。

2

(1)「玉のよう」の「よう」は、たとえを表す言葉です。一方、「飛び魚か」には「ようだ」「ような」の言葉はないですが、これもたとえの表現であることに注意します。

(2)「波といちにちうたってる」というところから考えます。一日じゅう浜辺によせては返す波。浜の石にもよせてきて波音がします。その様子を「うたうたい」「うたってる」とたとえているのです。だから、ウが正解となります。

(3)第五連の「浜辺の石はえらい石、／みんなして海をかかえてる。」に注目します。小さい浜の石が、大きい海をかかえている、という見方がおもしろいといえます。

メモ